# München
# Mit Vergnügen

## MÜNCHEN FÜR ALLE
## LEBENSLAGEN

**Vorwort**

Die Maßkrüge schepperten, wir kicherten und uns schien die Sonne durch die noch kahlen Kastanienäste ins Gesicht. In Mäntel und Schals gehüllt saßen wir da und kamen uns verwegen vor mit unserer Radlermaß im Februar. Das war 2020 und wir waren voller Tatendrang und mit Kamera um den Hals dabei, unser jüngstes Projekt Schritt für Schritt aus der Taufe zu heben. Ein Buch sollte es werden – eine Schatztruhe, in der wir unsere wertvollsten Tipps versammeln wollten, und gleichzeitig ein Erste-Hilfe-(München)-Koffer, der jederzeit und überall für euch da sein sollte, um eure Tage zu füllen oder einfach die München-Sehnsucht zu stillen.

Dann kam alles anders. Aus den Diskussionen um das schönste Foto und den besten Ort für den Kaffeeklatsch wurden langwierige Gespräche über das Ob, das Wie und die Endgültigkeit des gedruckten Wortes. Nicht mehr nur unser Buchprojekt stand auf der Kippe, sondern kurz mal das Vergnügen an sich. Doch unser gelber *Mit Vergnügen*-Ballon fliegt seit 2016 über München und seitdem empfehlen wir täglich das, was uns selbst begeistert – und das wollten wir unbedingt auch weiterhin tun. Immer mit dem Anspruch, eur*e Freund*in in der Großstadt zu sein und für jede – wirklich jede! – Lebenslage einen Tipp parat zu haben.

Ein Jahr ist vergangen, in dem wir tatsächlich noch mehr Zeit in München verbracht haben. In dem wir die Stadt plötzlich mit anderen Augen sehen mussten und dadurch selbst altbekannte Ecken, Viertel und Straßen noch mal ganz neu entdeckt haben. Eine Zeit, in der wir plötzlich da Urlaub machten, wo wir wohnten – und andersrum. Ein Jahr, in dem wir in einem Wechselbad der Gefühle ganze Kapitel verworfen, wieder aufgenommen, neu interpretiert und dabei überraschende Perlen entdeckt und alte

Schätze wieder ausgegraben haben. All das, um sicher zu sein, dass wir nichts verpasst haben und nur das empfehlen, was unseren vergnügten Vorstellungen entspricht und euch auch durch unerwartete Lebenslagen bringt.

Es ist ein Buch für unsere Freund*innen – für alte, neue und zukünftige. Für Freund*innen, die hier leben, und jene, die erst einmal nur zu Besuch sind. Für alle, die unsere München-Liebe teilen und genau wie wir auch mal zweifeln. Das ist okay, denn so wie München uns nach einem langen Winter einfach in die Sonne setzt und eine Maß in die Hand drückt, haben wir nun dieses Buch für euch. Und auch wenn plötzlich alles anders sein kann, bleibt doch eines immer gleich: die Liebe zu dieser Stadt, unserer Insel der Glückseligkeit. Habt es fein!

Ida, Nina, Lilly & die vergnügte Gang

**Die Kapitel**

Food
Stil
Erlebnis
Ausgehen
Flaniervergnügen
Ausflug

## Wie dieses Buch funktioniert

München. Das ist der Marienplatz, das Hofbräuhaus und der Englische Garten. München ist aber auch die Glaubensfrage nach dem liebsten Biergarten, das kleine Café mit dem genialen Schokokuchen, die gemütliche Bar, in der die Drinks günstiger sind als anderswo, und dieser eine Platz an der Isar, den keiner außer uns kennt.

Wir könnten ein ganzes Leben lang an einem Buch schreiben, um der Vielfalt der Stadt gerecht zu werden. Was wir hier aber wollen: euch unser München zeigen, wie wir es selbst erleben – in allen Lebenslagen. Wir wollen euch verraten, wo ihr mit euren Eltern essen gehen, in Jogginghose Bier trinken oder einfach nur gepflegt mit der Stadt angeben könnt.

Dieses Buch gibt euch keine Listen mit den tollsten Dingen in Schwabing oder der Au, sondern nützliche Tipps für jede Lebenslage – in unseren fünf Kapiteln Food, Stil, Erlebnis, Ausgehen und Ausflug. Und damit ihr am Ende nicht trotzdem immer bloß im eigenen Viertel abhängt, nehmen wir euch in unserem Flaniervergnügen mit auf Entdeckungstour. Wir hoffen, dass ihr euch mit diesem Stadtführer noch mal ganz neu in München verlieben könnt!

# Food

7

Kater-
frühstück

Wenn das Vergnügen vom Abend am nächsten Morgen Sturm klingelt und wir sicher sind, dass mit dem letzten Bier etwas nicht in Ordnung war, dann hilft nur eins: ein Frühstück, das Kopf und Gliedmaßen wieder geraderückt. Am besten mit starkem Kaffee, Breakfast Burritos, Peanut-Butter-Pancakes, pochierten Eiern, viel Kuchen und frischen Säften fürs gute Gewissen!

Ein Hoch also auf die Läden, die uns die Völlerei ermöglichen, einen Konterdrink servieren, die Eier auch noch nach 12 Uhr in die Pfanne werfen oder uns in Lockdown-Zeiten gleich eine ganze Brunchbox vor die Tür stellen, um uns wieder auf die Beine zu helfen.

Baader Café

## Den ganzen Tag am Frühstücksbuffet verbringen

Gärtnerplatzviertel
Baaderstraße 47, 80469 München

Buttermilchwaffeln, French Toast und Breakfast Burritos. Das Baader Café hatte die hippen Frühstücksvergnügen schon auf der Karte, da nannte man Hashtags noch Rauten. Vom allgemeinen Hochglanztrend hat sich der Laden zum Glück bis heute nicht anstecken lassen und erfreut uns mit seiner lässigen Entspanntheit.

Im Baader treffen Nachbarin, Student, Künstlerin und Anzugträger aufeinander – sie alle eint der Wunsch nach einem gemütlichen Frühstück. Das gibt's immer sonntags (außer im Hochsommer) als Buffet, von dem ihr euch in zwei Portionsgrößen auftischen lassen könnt. Oder ihr bestellt von der Karte und sitzt mit ein bisschen Glück auf den sonnigen Außenplätzen an der Baaderstraße.

◎ baadercafe
www.baadercafe.de

Bean Batter

# Specialty Coffee und Waffeln:
# entspannt frühstücken im Westend

### Westend
#### Schwanthalerstraße 123, 80339 München

Ihr wollt mal wieder ein bisschen bodenständigere Frühstücksluft schnuppern? Dann ab ins Westend. In Cafés wie dem Bean Batter müsst ihr nämlich nicht schon Wochen im Voraus reservieren. Dafür werdet ihr mit Kaffee aus Bohnen der Dachauer Rösterei JB Kaffee beglückt. Dazu gibt es süße und herzhafte belgische Waffeln, die genau so sind, wie Waffeln sein sollten: außen knusprig, innen fluffig – zum Beispiel mit Birnenchutney, Blauschimmelkäse und Walnüssen oder mit Zwetschgenröster, Zimtsahne und weißer Schokolade.

Wer gerade nicht in Waffellaune ist, kann sich im Bean Batter auch Granola, Eggs Benedict oder Shakshuka bestellen.

◎ beanbatterwestend
www.bean-batter.de

Tipp
Specialty Coffee zeichnet sich durch die besondere Qualität der Kaffeebohnen, ökologisch nachhaltigen Anbau, faire Produktionsbedingungen und seine spezielle Zubereitung aus – unbedingt probieren!

Caffè Conte

## Mit Saft in der Hand und Sonne im Gesicht frühstücken

Schwabing
Ainmillerstraße 10, 80801 München

Hach, das Caffè Conte – wir haben wirklich große Gefühle für diesen kleinen Laden in Schwabing. Bis heute ist er irgendwie ein Geheimtipp, dabei findet ihr vor allem an sonnigen Tagen den perfekten Frühstücksplatz an einem der wenigen Draußentische. Klassische Käse- und Wurstplatten sucht ihr hier vergeblich. Dafür gibt es üppige Frühstücksbowls, vielfältige Eierspeisen, fluffige Croissants und Avocadotoast mit Spiegelei.

Dazu schlürfen wir am liebsten einen der frisch gepressten Säfte oder einen (Hafer-)Cappuccino und fühlen uns im Winter wie im Sommer ein bisschen wie im Italienurlaub.

⌾ caffeconte

Das Maria

# Ein Ausflug in den Orient mit Frühstücks-Couscous und Kardamom-Mokka

Glockenbach

Klenzestraße 97, 80469 München

Das Maria im Glockenbach ist ein absoluter Klassiker. Im schönen Café sitzt ihr unter orientalischen Lampen an Holztischen oder bei gutem Wetter auf der herrlichen Sonnenterrasse. Orientflair gibt's auch auf der Speisekarte. Unsere Favoriten: Rührei mit Ras el Hanout, Frühstücks-Couscous mit getrockneten Feigen oder geröstetes Fladenbrot mit Hummus, Schafskäse und Rucola – dazu trinkt ihr am besten einen arabischen Kardamom-Mokka.

Wer morgens nicht so experimentierfreudig ist, wird mit French Toast oder Bauernfrühstück glücklich. Aber auch zum Mittagessen, für hausgemachte Kuchen oder Drinks ist das Maria eine tolle Anlaufstelle. Unbedingt reservieren!

🔳 dasmaria_forever

www.dasmaria.de

Tipp

Für Langschläfer*innen: Im Maria kann man jeden Tag
bis 18 Uhr frühstücken.

14

Die Waldmeister

## Von Birchermüsli bis Scamorza:
## Frühstück zum Ankreuzen

Maxvorstadt
Barer Straße 74, 80799 München

Bei jedem Besuch im Waldmeister denken wir uns: Wir wollen bitte einziehen! In dem stylishen Eckcafé mit den großen Fenstern ist nicht nur die Einrichtung on point. Unter der Woche gibt es eine kleine Frühstücksauswahl mit Birchermüsli, Croissants oder dem Waldmeister-Frühstück mit Rosmarinschinken, Scamorza und Frischkäse. Am Wochenende schnappt ihr euch einen der Frühstückszettel und kreuzt eure Favoriten von Rührei über Käse und Aufstriche bis hin zu Müsli einfach an. Wer zu lange geschlafen hat, kann gleich zur veganen Bolo oder einem der wechselnden Mittagsgerichte übergehen.

@ diewaldmeister

## Gartensalon

# Sich auf einer kunterbunten Terrasse allerlei Eierspeisen schmecken lassen

Maxvorstadt
Türkenstraße 90, 80799 München

Der Gartensalon in der Amalienpassage hat die wohl bunteste und blumigste Terrasse der ganzen Stadt. Innen geht's genauso farbenfroh weiter und die vielen Kuchen in der Vitrine übertrumpfen sich gegenseitig mit Zuckerguss und Blütenblättern. Hier könnt ihr euch veganes Birchermüsli, Pausenbrot mit hausgemachten Aufstrichen und allerlei Eierspeisen mit vielfältigen Toppings schmecken lassen. Im Sommer bestellt ihr an der Theke einen eiskalten Chai on the rocks, im Winter einen heißen Traum aus Pflaume, Rum und Rosmarin.

Besonders schön: Alle Speisen werden vor Ort frisch zubereitet, die Zutaten sind nahezu alle aus biologischem Anbau und die Girls vom Gartensalon sind mindestens so zuckersüß wie ihre Kuchen!

⊙ gartensalon
www.gartensalon.net

Tipp

Samstags, sonntags und an Feiertagen könnt ihr im Gartensalon den ganzen Tag frühstücken.

Heinrich Matters

## Das Interior- und Gourmetherz
## gleichermaßen beglücken

Maxvorstadt
Luisenstraße 47, 80333 München

Ihr freut euch beim Frühstück nicht nur über den Geschmack, sondern auch über die Optik? Dann solltet ihr eure Wochenenden im Heinrich Matters verbringen. Neben Klassikern und hippen Freuden wie Açaí-Bowls oder Avocadotoast mit pochiertem Ei ist im Heinrich Matters vor allem das Süß-Game strong. Zimtschnecken, Pastéis de Nata und – jetzt kommt's! – gefüllte Peanut-Butter-Pancakes haben noch jeden Kater gekillt. Und um euren Flüssigkeitshaushalt wieder auszugleichen, könnt ihr, je nach Gusto, hausgemachte Thymian-Limetten-Limo oder einen Caffè Corretto (Espresso mit Grappa) schlürfen.

heinrich.matters
www.heinrich-matters.de

Joon

## Die fluffigsten Pancakes der Stadt bestellen

Maxvorstadt
Theresienstraße 114, 80333 München

Das persische Wort „joon" bedeutet so viel wie „mein*e Liebe*r". Passt gut, denn hier könnt ihr euer Herz vor allem an die Frühstückskarte verlieren. Wie sich das für ein Maxvorstädter Vorzeigecafé gehört, geht nichts ohne das obligatorische Avocadobrot mit pochiertem Ei, das im Joon liebevoll Stulle genannt wird. Stullen gibt es aber auch als strammen Max oder in veganer Version mit Hummus und gegrillten Austernpilzen.

Wer auf #healthylife verzichtet, der gönnt sich die ultrafluffigen Pancakes mit Nutella – von uns auch liebevoll Gang-Cakes genannt, denn allein schafft die keiner!

◎ jooncafe
www.cafejoon.de

 Tipp
Pancakes am besten zu zweit teilen, the Zuckerschock is real!

Madam Anna Ekke

# Shakshuka auf der Sonnenterrasse

Glockenbach
Kolosseumstraße 6, 80469 München

Den Plan, ein Café zu eröffnen, hatten die Betreiber der Frau Bartels in der Klenzestraße schon länger. Im Sommer 2020 war es soweit und die kleine Caféschwester Madam Anna Ekke öffnete zum ersten Mal ihre Türen und großen Glasfronten. Sie liegt nicht nur wortwörtlich an einer Ecke, sondern auch direkt um die Ecke von der Frau Bartels.

Rein optisch überzeugen die großen Fensterfronten, die coolen Illustrationen an der Wand und natürlich die wunderbar sonnige Terrasse. Perfekt, um mit israelischem Frühstück, Kartoffelrösti, veganem Birchermüsli oder Buttermilch-Pancakes in den Tag zu cornern!

◎ madamannaekke
www.madamannaekke.de

Tipp

Abends gibt's an der Ecke Flammkuchen und Drinks wie Spritz mit hausgemachtem Orange-Kardamom-Zimt-Sirup.

19

Om Nom Nom

# Vegane Frühstücksfreuden und Kombucha in einer alten Metzgerei

Sendling

Oberländerstraße 24a, 81371 München

Von der Metzgerei zum veganen Café und Feinkostgeschäft – wir sind große Fans vom schönen Ladencafé in Sendling. Mit dem Om Nom Nom wollen Marlen und Daniel zeigen, dass Genuss auch ganz ohne tierische Produkte möglich ist. Ihr findet hier vegane Schokolade, Bowls aus Kokosnussschalen, fränkischen Wein, Spirulina, Gänseblümchenhonig und vieles mehr, das nicht nur das vegane Foodieherz höher schlagen lässt.

Das Herzstück des Ladens ist aber die Käsetheke, in der sich verschiedene vegane Käsesorten auftürmen. Wer das sofort ausprobieren möchte, stillt seine Katergelüste im schönen Café mit Grilled Cheeze Sandwich, veganer Käseplatte, getoastetem Bananenbrot und Espresso-Erdnussbutter-Smoothie.

◎ omnomnom_muc

www.om-nom-nom.de

Tipp

Wer Frühstück im eigenen Bett bevorzugt, kann sich auch eine prall gefüllte Brunchbox bestellen und abholen.

Shotgun Sister Coffeebar

## Mit Bowls, belegten Broten und Smoothies in den Tag starten

Giesing

Deisenhofener Straße 40, 81539 München

„Love is in the air, it smells like Obergiesing" – dieser Spruch des Münchner Grafikdesigners Mixen ziert die Wand dieser kleinen und feinen Giesinger Kaffeebar. Und das fasst es eigentlich auch schon ganz gut zusammen, denn das helle Café mit Fokus auf gesundem Essen, das alles andere als langweilig ist, kann man nur lieben. Bowls, Panini, Süßes und Mittagsgerichte – alles wird von Katha und ihrem Team aus überwiegend regionalen Bioprodukten mit viel Liebe selbst gezaubert. Besonders schön: Auf der Karte stehen auch vegane und glutenfreie Optionen, hier werden also alle glücklich.

Bestellt euch einen Erdnussbutter-Mandel-Smoothie und ein Hummus-Rote-Bete-Brot, lasst die Hektik links liegen und gebt euch dem Geruch von frisch gebackenem Kuchen und Glückseligkeit hin!

shotgunsistercoffeebar

www.shotgunsister.com

Tipp

Brot, Zimtschnecken und einige Kuchen kommen aus dem Echt jetzt – der glutenfreien Schwesterbäckerei in der Maxvorstadt, der ihr auch mal einen Besuch abstatten solltet.

Unser Mantra für fast alle Lebenslagen – von Liebeskummer bis Pandemie: Man muss sich auch mal gönnen können. Gesunde Ernährung schön und gut, aber die Sünde wird doch erst zum echten Vergnügen, wenn man es eigentlich besser weiß. Und Leute, manchmal muss man an die Seele denken. Dann wollen wir Pizza mit extra viel Käse, Pistazien-Luftikusse, frisch ausgebackene Krapfen und die Pommes sollen am besten ein Vollbad in der Trüffelmayo nehmen.

Statt Smoothies zu schlürfen, schlecken wir uns die Burgersoße von den Fingern und begrüßen unseren Dönerdealer des Vertrauens wie immer mit Bussi rechts, Bussi links.

Alles Wurscht

# Die beste Currywurst im süßesten Biergarten der Stadt genießen

### Schwabing
Nikolaiplatz 3, 80802 München

Nur ein paar Schritte von der Leopoldstraße entfernt, auf dem Weg Richtung Englischer Garten, findet ihr die kleine farbenfrohe Stadtoase schlechthin. Am Nikolaiplatz können wir uns beim Anblick der niedlichen Häuschen mit den lauschigen Innenhöfen die „Ahs" und „Ohs" selten verkneifen.

Genauso wenig wie bei der vielleicht besten Currywurst der Stadt, die es hier im Imbiss Alles Wurscht zu futtern gibt. Und weil's dann eh schon Wurscht ist, kann man sich auch gleich die ein oder andere günstige Hoibe gönnen. Wer nicht in Wurstlaune ist, wird mit gemischten Salaten und frischen Pommes glücklich. Und das alles in einem wahnsinnig süßen kleinen Biergarten, in dem im Frühling die Kirschbäume blühen.

 alles_wurscht

www.alles-wurscht.com

**Tipp**
Für Vegetarier*innen: Im Alles Wurscht gibt's auch eine gute Seitancurrywurst!

Attentat Griechischer Salat

# Riesige Salate essen und Ouzo
# mit dem Zebra trinken

Giesing
Zugspitzstraße 10, 81541 München

Wer denkt, dass Salate langweilig sind, war noch nie im Attentat.
Ehrlich gesagt ist nichts an dem Giesinger Restaurant langweilig: Die
Speisekarte ist wild zusammengekritzelt, das Licht schummrig, der
Ouzo fließt in Strömen und irgendwo steht ein Zebra rum.

Auf der Karte stehen (wer hätte es gedacht?) Salate, die mit allem
getoppt werden, was geil ist: Datteln im Speckmantel, Pistazien,
Bacon, Feigen, Kürbisblüten. Die tragen dann wohlklingende Namen
wie „Bodenlose Unverschämtheit" oder „Hallöööchen". Dazu gibt's
krosses Brot, krasse Soßen und zum Nachtisch Affogato oder eine
pornöse Schoko-Kernschmelze. Perfekt für einen Cheat Day, der sich
als healthy Salatabendessen tarnt.

@ attentatgriechischersalat
www.attentatgriechischersalat.com

Tipp
Ein super Date-Ort, denn wer das Attentat nicht mag,
kann das Herz nicht am rechten Fleck haben.

Café Frischhut

# Nostalgie pur: Frisch ausgebackene Schmalznudeln

Altstadt
Prälat-Zistl-Straße 8, 80331 München

Frisch, heiß, fettig und immer gut: die Schmalznudeln aus dem Café Frischhut. Das Café, das es seit 1973 gibt, lockt mit heimeligem Nostalgieflair, der völlig real und nicht gewollt ist. Am besten sitzt es sich dabei draußen vorm Café, von wo aus ihr das Treiben rund um den Viktualienmarkt bestens beobachten könnt.

Egal, ob Schmalznudeln, Rohrnudeln, Striezerl oder Krapfen – hier ist alles frisch ausgebacken und schmeckt so vorzüglich, dass wir uns am liebsten reinlegen würden. Perfekt, um nach einer langen Nacht die letzten Alkoholreste aus dem Körper zu spülen.

Der kleine Flo

## Die kleinen Dinge des Lebens feiern mit Miniburgern und Pommes mit Trüffelmayo

Altstadt
Josephspitalstraße 4, 80331 München

Ihr habt Bock auf Burger, leidet beim Blick auf die Speisekarte aber regelmäßig unter akuter Entscheidungsunfähigkeit? Dann ist Der kleine Flo in der Altstadt euer Laden, denn hier stehen Miniburger im Tapas-Style auf der Karte. Bewaffnet mit Zettel und Stift stellt ihr euch euer Menü ganz nach Gusto selbst zusammen. Zur Auswahl stehen vielfältige Optionen – vom Giesinger-Ochsenfleisch-Burger bis zum veganen Asian Tofu Fusion Burger. Dazu gibt's hausgemachte Burgerbrötchen, Beilagen, Dips und stabile Desserts.

ⓘ derkleineflo_official

www.derkleineflo.de

 Tipp

Alle veganen Burger können auch mit hausgemachtem Foccacia-Brot bestellt werden.

Forza Napoli

# Knusprige neapolitanische Pizza teilen

Haidhausen
Johannisplatz 23, 81667 München

Vom Pizzawagen in Untergiesing zum eigenen Laden in Haidhausen:
Forza Napoli bringt krosse neapolitanische Pizzen an den Johannisplatz – oder zu euch nach Hause. In drei Öfen wird der frische Pizzateig
in nur knapp 90 Sekunden premiumknusprig gebacken. Der Teig ruht
48 Stunden, um nach dem Backen ultimative Fluffigkeit und Krossheit
zu erreichen.

    Auch beim Belag lassen sich die Forza Napolis mit sonnengereiften
Tomaten vom Fuße des Vesuv und Fior di latte nicht lumpen. Oben
drauf gibt's dann entweder Salsiccia und Fenchelsamen, Funghi und
Trüffelöl oder Parmaschinken und frischen Rucola. Molto buono!

@ forzanapoli.de
www.forzanapoli.de

La Bohème

## Ein pornöses Brunchbuffet und viel Prosecco

Schwabing
Leopoldstraße 180, 80804 München

Die nächste Eskalationsstufe des Brunchs findet ihr im La Bohème am Schwabinger Tor. Das Restaurant ist zwar ein bisschen schicker, aber hier könnt ihr euch auch ohne das Bündel Fuffis in der Geldklammer wohlfühlen. Für 59 Euro bekommt ihr am Sonntag das volle Programm aus kalten Frühstücksklassikern, einigen ausgefalleneren Leckereien und on top ein pornöses Dessertbuffet. Ab 12 Uhr geht's weiter mit warmen Gerichten und Eierspeisen.

Wer dann immer noch nicht genug hat, bestellt sich à la carte Extras wie den Pancake-Turm dazu. Inklusive ist übrigens eine „All you can drink"-Flatrate – nicht nur für Säfte und Kaffee, sondern auch für Prosecco und Wein. Man muss sich auch mal gönnen können.

⌾ restaurant.la.boheme

www.boheme-schwabing.de

Tipp

Für Zeiten, in denen Buffets nicht möglich sind, gibt es Brunch, Dinnermenüs und Kochboxen für daheim.

Lea Zapf Marktpatisserie

# Limo und Luftikus: französische Patisserie am Viktualienmarkt

Altstadt

Viktualienmarkt Abt. III, Stand 20/21, 80331 München

Den Viktualienmarkt gibt es seit mehr als 200 Jahren und trotz alter Traditionen ist hier auch immer wieder Platz für junge Ideen und neue Betreiber\*innen. Recht frisch an Bord in der Standl-Gang ist die Konditormeisterin Lea Zapf, die euch mit ihren außerirdischen Backkünsten in den Süßhimmel schickt.

Die feinen Törtchen, kleinen Kuchen und der Luftikus – ihre eigene Interpretation des Windbeutels – sind dabei nicht nur wahnsinnig schön anzuschauen, sondern schmecken auch noch wie Dessert gewordener Sommer. Bei den Grundzutaten achtet Lea sehr auf Regionalität und Saisonalität: Die Eier kommen zum Beispiel vom Hof Gut Hollern in Eching und das Mehl aus der Hofbräuhaus-Kunstmühle im Tal. Egal, ob ihr euch selbst oder euren Lieben eine süße Freude machen wollt, Lea ist eure Frau!

ⓘ leazapf_marktpatisserie

www.leazapf.de

 Tipp

Wer früh kommt, ergattert einen Platz auf der heiß begehrten Sonnenterrasse vom Standl.

Meisterstück

# Pulled Pork und Craftbier auf einer lauschigen Terrasse

Haidhausen
Weißenburger Straße 16, 81667 München

Warum das Meisterstück heißt, wie es heißt? Weil es in Sachen Speisen und Getränke auf echtes Handwerk setzt – seien es kreative Braumeister*innen, ausgefallene Metzgermeister*innen oder frisch Gebackenes von der Brotmanufaktur Schmidt. Hier warten zünftige Brotzeiten, Pastrami-Sandwiches und Pulled Pork, das stundenlang im Smoker gegart wurde.

Getoppt wird das Ganze nur von der unfassbar umfangreichen Craftbier-Auswahl. Perfekt, um einen ausgiebigen Cheat Day im gemütlich eingerichteten Laden zu verbringen. Und wenn ihr im Sommer ein bisschen frische Luft für die deftigen Speisen braucht, findet ihr ein schönes Plätzchen auf der lauschigen Terrasse im Hinterhof.

@ meisterstueckmuenchen
www.dasmeisterstueck.de

Rustikeria

# Einen Kurzurlaub in der Toskana machen

Glockenbach
Angertorstraße 4, 80469 München

Mit der Rustikeria bringen Massimo und Sabine ein Stück Toskana ins Glockenbachviertel. Entgegen aller hippen Foodtrends gibt's hier ziemlich viel, ziemlich köstliches Brot, tollen Wein und wunderbare Fleisch- und Milchprodukte, die von kleinen ausgewählten Erzeuger*innen aus Massimos Heimat stammen. Einer der Hauptdarsteller auf der Karte ist die – für Nicht-Italiener*innen unaussprechliche – Schiacciata, eine reich belegte Focaccia.

Am besten lasst ihr euch aber von den beiden liebenswerten Betreiber*innen beraten und probiert euch ein bisschen durch. Und falls ihr finally noch Platz für einen süßen Abschluss habt, dann stürzt euch auf das hausgemachte Tiramisu mit Chianti statt Amaretto.

🄶 rustikeria
www.rustikeria.de

Türkitch

## Falloumi-Dürüm und Köfte
## mit Spezialsoße futtern

Giesing
Humboldtstraße 20, 81543 München

Man ist doch erst so richtig in einer Stadt angekommen, wenn man seinen Lieblingsdönerladen gefunden hat. Wir müssen da keine große Dönerdebatte führen: Türkitch ist der unangefochtene Himmel unserer Kebabgelüste! Mittlerweile gibt es schon vier Filialen in der Stadt, die uns regelmäßig mit Falloumi-Dürüm, Köfte und hausgemachtem Ayran vor Hungerattacken, Kater und Herzschmerz retten.

So unterschiedlich wir Münchner*innen sein können, uns alle eint die Liebe zu Türkitch, denn zwischen Spezialsoße, frischer Minze und gegrilltem Gemüse sind wir alle gleich. Manchmal muss man ein Weilchen in der Schlange stehen, aber das Warten lohnt sich. Versprochen!

☺ tuerkitch

Wirtshaus Obacht

## Super Schnitzel, Sonntagsbraten und süffiges Bier

### Maxvorstadt
### Schwindstraße 20, 80797 München

Wer in München wohnt, braucht ein Stammwirtshaus. Wo das Schnitzel saugut schmeckt, das Bier kalt ist und man auch mal in Jogginghose vorbeistrahlen und den Kater mit Spezi bekämpfen kann. Für uns ist das Obacht in der Maxvorstadt auf jeden Fall immer ein sicherer Hafen, wenn es uns nach Schnitzel, Ofenkartoffeln, Semmelknödeln und Bier gelüstet.

    Am Samstag und am heiligen Sonntag wartet dann etwas, das man hier unter der Woche nur in Gröstlform bekommt: ofenfrischer Schweinsbraten mit Kartoffelknödeln, Krautsalat und Dunkelbiersoße. Das Obacht ist der perfekte Mix aus griabiger Wirtshaus-Atmosphäre und modernem Restaurant.

    ⌾ wirtshaus_obacht
www.obacht-maxvorstadt.de

# Kaffeeklatsch

Die wirklich wichtigen Themen des Lebens be-
spricht man an genau zwei Orten: Mit Wein am
Küchentisch oder bei einer heißen Tasse Kaffee
im gemütlichen Café ums Eck. Das ist im Idealfall
wie eine gute Oma, die uns mit selbst gebackenem
Kuchen füttert, immer frischen Kaffee dahat und
uns in ihrem gemütlichen Ohrensessel sitzen lässt,
während wir mit Krümeln am Mund unsere Sorgen vergessen.

Sollte die Oma aber zur Risikogruppe gehören,
dann ist sie trotzdem für euch da und sorgt dafür,
dass ihr Kaffee, Kuchen und gute Ratschläge eben
am eigenen Küchentisch servieren könnt.

**A–Z**
1  Bellevue di Monaco
2  Café Lozzi
3  Emilo Westend
4  Galerie-Café Käthe
5  Gangundgäbe
6  Garçon
7  Laden
8  Morso
9  Schnickschnack Ladencafé
10 Sweet Spot
11 Trachtenvogl

Bellevue di Monaco

# Cappuccino, famose Franzbrötchen und eine sonnenverwöhnte Terrasse

Gärtnerplatzviertel
Müllerstraße 2–6, 80469 München

Das Wohn- und Kulturzentrum Bellevue di Monaco steht auf vielen Ebenen für Vielfalt. Hier arbeiten Menschen aus aller Welt, mittags gibt es vegan-vegetarische Gerichte und auch abends könnt ihr euch von Afghanistan bis nach Syrien futtern. Neben dem Cafébetrieb, der gemeinsam mit Geflüchteten umgesetzt wird, gibt es auch viele Angebote für Geflüchtete wie Sprachkurse oder Wohnberatung.

Wer hier seinen Kaffee trinkt, unterstützt also gleichzeitig ein tolles Projekt. Wenn euch das noch nicht überzeugt: Im Bellevue gibt's außerdem famose Franzbrötchen. Wir finden, es gibt wenig Besseres, als an einem sonnigen Tag auf der Terrasse zu sitzen, einen Cappuccino zu schlürfen und das Näschen in die Sonne zu halten.

☉ bellevuedimonaco
www.bellevuedimonaco.de/cafe

Tipp

Mittags kann jeder Gast den Preis für sein Essen zwischen 7 und 11 Euro selbst bestimmen.

Café Lozzi

## Karottenkuchen trifft Matcha Wodka trifft Omasessel

Glockenbach
Pestalozzistraße 8, 80469 München

Eigentlich war die Bande rund ums Café Gans am Wasser nur auf der Suche nach einer Backstube für die hausgemachten Kuchen. Gefunden hat sie eine Location mitten im Glockenbach, und weil es sich dann eben so ergeben hat, war kurzerhand das Lozzi geboren.

Tagsüber ist es nun ein Café mit einer Kuchenauswahl zum Reinlegen, abends gibt es Bierchen, Schörlchen, verschiedene Drinks und für den kleinen Hunger die legendären Biopommes von Gans am Wasser. Dazu hat das Team den wohl schönsten Schanigarten Münchens gezimmert, in dem ihr zu jeder Jahreszeit herrlich die Sonne genießen könnt. Hier ist es definitiv völlig egal, wer ihr seid, wie ihr ausseht, wo ihr herkommt – Hauptsache ihr habt 'ne gute Zeit!

 cafe.lozzi

**Tipp**
Konzerte, Ausstellungen und Workshops: Das Lozzi-Team stellt regelmäßig ein buntes Kulturprogramm auf die Beine.

Emilo Westend

# Geiler Guglhupf und frisch gerösteter Kaffee im Westend

Westend
Gollierstraße 14, 80339 München

Wer in München gerne Kaffee trinkt, kommt an Emilo nicht vorbei. Seit 2012 gibt es die Spezialitätenrösterei, die ihren Kaffee in liebevoller Handarbeit röstet. Mittlerweile beglückt uns Emilo schon an drei Standorten: im Glockenbach, am Odeonsplatz und seit 2018 im Westend. Hier befindet sich auch die Backstube, in der täglich frische Kuchen und Franzbrötchen gebacken werden. Emilo-Fans können sich ihre liebsten Bohnen auch mit nach Hause nehmen.

Oder ihr sucht euch ein Plätzchen unter der gelb gestreiften Markise, bestellt euch ein Stück Marmorkuchen und schlürft euren Espresso. Besonders schön: Emilo ist einer der Partner der Initiative Hey – ihr könnt also einen extra Bon kaufen, ihn an das Brett hängen und damit jemanden auf einen Kaffee einladen, der ihn sich gerade nicht leisten kann.

◎ emilocoffee
www.emilo.com

Galerie-Café Käthe

## Den Tag bei veganem Kuchen im Galerie-Café Käthe vertrödeln

Au

Gebsattelstraße 34, 81541 München

Jedes Mal, wenn wir im Käthe sind, wundern wir uns ein bisschen darüber, dass solche Orte in München noch existieren. Das Café erinnert an eine starke Frau: Käthe (Katharina) Arnold, die bis an ihr Lebensende hinter dem hölzernen Tresen stand und in ihrem Tante-Emma-Laden alle mit Kaffee und Lebensmitteln versorgt hat.

Heute ist das Käthe ein Wohnzimmer für die Nachbarschaft, in dem man herrlich seinen Tag vertrödeln kann. Hier gibt es nämlich kein WLAN – nur tolle Kuchen, leisen Jazz im Hintergrund und gemütliches Mobiliar. Dazu Kaffee aus der Münchner Rösterei Vits, Mittagsgerichte und belegte Brote. Ein perfektes Setting also, um die To-do-Liste über Bord zu werfen und mal einen Gang runterzufahren.

www.cafekaethe.blogspot.com

Tipp

Bei der Kuchenauswahl werden auch Veganer*innen und Menschen mit Unverträglichkeiten glücklich.

Gangundgäbe

# Smoother Jazz und Fairtrade-Kaffee

Ludwigsvorstadt
Kapuzinerstraße 12, 80337 München

Das tolle Gangundgäbe ist Café und Rösterei in einem. Das ist super, weil ihr die frisch gerösteten Bohnen dann gleich im schönen Café genießen könnt. Dem Gangundgäbe-Team ist ein bewusster Umgang mit dem Naturprodukt Kaffee sehr wichtig; es wird Wert auf transparenten und fairen Kaffeehandel, schonendes Rösten und bewussten Genuss gelegt.

So viel Liebe zum Detail schmeckt man, denn selbst als Kaffeeanfänger*in bemerkt man die besonderen Aromen, die von Brombeere bis Karamell reichen. Probiert euch einmal durch die verschiedenen Röstungen, lauscht der beschwingten Jazzmusik und lasst im Café oder auf der kleinen Terrasse vor der Tür die Seele baumeln.

⌾ gangundgaebe
www.gangundgaebe.de

Garçon

## Slow Coffee und Kardamom-Buns

Altstadt
Utzschneiderstraße 4, 80469 München

Wo abends krasse Drinks gerührt werden, gibt's seit einer Weile auch Specialty Coffee im gewohnt gemütlichen Garçon-Ambiente. Das Team kredenzt euch feinsten Kaffee der schwedischen Rösterei Koppi, dazu landen hausgemachte Scones und Kardamom-Buns auf der Marmortheke. Was Besitzer Mario und der Rest des Teams machen, nehmen sie ausgesprochen ernst – und das im besten Sinne!

Was im Garçon angeboten wird, wurde mit äußerster Sorgfalt ausgewählt. Der Kaffee wird mit genau der richtigen Mischung aus Know-how und Liebe aufgebrüht und auf selbst geschnitzten Holzbrettchen serviert. Die Bohnen werden kurz vor dem Aufbrühen frisch gemahlen und für jede Sorte wird die Zubereitungsart gewählt, bei der die Bohnen ihren maximalen Geschmack entfalten. Ihr seid keine großen Kaffeefans? Auf der Karte stehen auch spannende ausgewählte japanische Teesorten.

⌾ cafegarcon

Tipp

An alle Kaffeeultras: Ihr könnt hier auch ganz spezielle Röstungen probieren, fragt einfach mal nach den „Archives".

Laden

# Käsekuchen, Kirschstreusel, Kaffee und Leute schauen

Maxvorstadt
Türkenstraße 37, 80799 München

Der Laden ist mittlerweile eine Institution in der Türkenstraße und nach gut 12 Jahren darf man sagen: zu Recht! Denn die Sonnenplätze draußen, der herzliche Service, die tolle Mittagspasta mit Zutaten aus der Region und natürlich die verdammt verführerische Kuchenauswahl ziehen uns immer wieder magisch an. Immer da und immer gut: die Schokotarte, der fluffig-zitronige Käsekuchen und der unverschämt fruchtige Kirschstreusel. Dazu italienischen Kaffee und, wenn es herzhaft werden soll, noch eine Focaccia mit Ziegenkäse, Rosmarin und Honig.

Im Winter sitzen wir gerne in den großen Fenstern, im Sommer am liebsten vorm Laden, denn nirgends kann man besser Leute schauen als hier!

@ zumladen
www.zumladen.de

Tipp
Was immer geht: die köstliche Bolo oder der gute alte Schinken-Käse-Toast!

Morso

# Italienisches Lebensgefühl mit Cappuccino und Cornetti genießen

Schwabing
Elisabethstraße 7, 80796 München

Einer unserer liebsten Spots für Cappuccino und Cornetti ist definitiv das Morso in der Nordendstraße. Kein Wunder, dass wir Luftsprünge gemacht haben, als wir an der Ecke Elisabeth- und Isabellastraße den Morso-Schriftzug erneut entdeckt haben. Ganz nach dem Motto „Never change a winning team" erwartet euch hier ziemlich genau das gleiche Angebot wie im Schwesterlokal. Unterschiedlich belegte Focaccias, fluffige Tramezzini, perfekt ausbalancierter Cappuccino und natürlich die unverschämt guten Cornetti, die wir am liebsten ganz basic oder mit Pistazienfüllung mögen.

Dazu freut sich in beiden Morsos nicht nur der Gaumen, sondern auch das Interiorherz, denn einrichtungstechnisch haben Genc und Arabela es wirklich drauf. Ähnlich wie in der Nordendstraße gibt es auch in der Elisabethstraße ein paar super Außenplätze, von denen aus sich das Schwabinger Treiben allerbestens beobachten lässt.

⌾ morso.amo.cafe
www.morso-cafe.de

Schnickschnack Ladencafé

# Roiboos-Cappuccino schlürfen und auf Samtsofas rumlungern

Sendling
Boschetsrieder Straße 142, 81379 München

Die meisten Cafés haben wohl den Anspruch, sich wie ein zweites Wohnzimmer anzufühlen. Das Schnickschnack Ladencafé ist aber eines der wenigen, die das wirklich schaffen. Auf Polstersesseln und Samtsofas naschen wir glutenfreie Schokotarte oder New York Cheesecake von Omaporzellan und wärmen uns an einem Rooibos-Cappuccino mit Honig und Zimt. Genau wie der Kuchen sind auch die Suppen und Salate alle vegan oder vegetarisch und natürlich mit viel Liebe hausgemacht.

Gestärkt von so vielen Leckereien könnt ihr dann eine Runde stöbern – im tollen Café kann man nämlich auch Postkarten, hübschen Schmuck und anderen Schnickschnack kaufen.

schnickschnackladen

Sweet Spot

# Von Filterkaffee bis Flat White richtig krassen Kaffee entdecken

### Altstadt
Heiliggeiststraße 1, 80331 München

Für euch ist Kaffee nicht bloß Mittel zum Zweck, sondern Lebenselixier? Ihr legt Wert auf die perfekte Röstung, den richtigen Mahlgrad und das Herzrasen kommt nicht vom Koffein, sondern von eurer Liebe zum Kaffee? Gut, dann ist das neue Sweet Spot am Viktualienmarkt euer Laden, denn Betreiber Markus ist ein wandelndes Kaffeelexikon und hat hier ein Paradies für Specialty Coffee geschaffen. Das heißt aber natürlich nicht, dass ihr nur als Kaffeeprofis willkommen seid, denn auch für den klassischen Cappuccino ist Platz. Und wer weiß: Vielleicht entdeckt ihr ja eure Liebe für richtig guten Filterkaffee.

sweetspotkaffee
www.sweetspotkaffee.de

**Tipp**

Hier könnt ihr auch vielfältige Bohnen und allerlei Zubehör kaufen. Für harte Koffeinjunkies gibt's sogar ein kuratiertes Kaffeeabo.

Trachtenvogl

## Urgemütlich Kakao trinken auf Plüschsofas

Gärtnerplatzviertel

Reichenbachstraße 47, 80469 München

Immer wenn uns der Sinn nach einem lauschigen Kaffeeklatsch steht, treibt es uns in den guten alten Trachtenvogl. Das Café im Gärtnerplatzviertel ist einfach ein urgemütlicher Klassiker!

    Auf großen Plüschsofas, Polstersesseln oder kleinen Stühlchen findet jede*r ein passendes Plätzchen und kann sich die gewaltige Kakaoauswahl zu Gemüte führen. Im Trachtenvogl gibt es sage und schreibe 16 Heiße-Schoki-Variationen von Pistazie bis Salzkaramell. Dazu gibt es Kuchen, Frühstück, wechselnde Tagessen und eine Standardkarte mit Gerichten, die immer gehen. Im Sommer machen wir es uns bei Eiskaffee und Mangosmoothie vorm Laden gemütlich.

@ trachtenvogl

www.trachtenvogl.de

Tipp

Reservieren könnt ihr leider nicht, aber auf den Retro-Sofas lässt es sich eh super zamrücken.

# Um die Welt essen

Brezen, Braten, Bierli. Wir trauen uns mal was und behaupten, dass sich die kulinarische Vielfalt der bayerischen Küche in Grenzen hält. Und wenn gerade Pandemie ist und wir eh nicht reisen können, wollen wir diese Grenzen wenigstens mit unseren Gaumen überschreiten.

Mit dem ein oder anderen Spaziergang könnt ihr von der Fernreise bis zum kurzen Städtetrip kulinarisch auf Weltreise durch München gehen – und dann gibt's Shakshuka statt Schweinebraten, Ramen statt Rahmschwammerl und Falafel statt Fleischpflanzerl. Vor Ort, im Park, daheim. Wo ihr esst, ist dann nämlich wirklich egal – die Reise findet in eurem Mund statt!

A–Z
1   Café Über den Tellerrand
2   Coucou Food Market
3   Diese Gut
4   Finks
5   Junge Römer
6   Madam Chutney
7   Made in Portugal & Brasil
8   Mai Garten
9   Manouche
10  Royal Healthy Slices
11  SAM

Café Über den Tellerrand

## Einen bayerisch-arabischen Brotzeitteller bestellen und ein tolles Projekt unterstützen

Haidhausen
Einsteinstraße 28, 81675 München

Das Café Über den Tellerrand in der Einsteinstraße ist ein Sozial-unternehmen, das von Geflüchteten und Beheimateten gemeinsam betrieben wird. Direkt in der Volkshochschule könnt ihr hier super-lecker frühstücken, mittagessen oder euch mit einem Kuchen und Hibiskus-Spritz auf die Terrasse setzen. Aber auch die Abendkarte kann sich sehen lassen: veganes Shakshuka mit Hummus, Fattoush-Salat mit Granatapfel und Minze, Lamm-Schawarma oder Brotzeitteller voller bayerischer und arabischer Leckereien.

Ein wunderschöner Ort, an dem sich Menschen unterschiedlicher Herkünfte und Kulturen zwischen Baklava und Butterbreze, Hummus und Obatzda begegnen können.

◎ cafeueberdentellerrand
www.ueberdentellerrand.cafe

Tipp

Für die Hauptgerichte und den Mittagstisch gibt es eine soziale Preis-spanne: Aus drei Preisen sucht sich jede*r den Betrag aus, den er*sie bezahlen kann.

Coucou Food Market

# Sich im Markthallen-Style durch Frankreich, Italien und New York futtern

Maxvorstadt
Theresienstraße 128, 80333 München

Im hippen Markthallen-Stil beglückt uns der Coucou Food Market mittlerweile schon an zwei Locations. Die Läden eignen sich perfekt für Cappuccino und Macaron am Morgen, ein schnelles Mittagessen mit den Kolleg*innen oder für ein Abendessen to go auf dem Heimweg. Wie der Name schon verrät, könnt ihr hier wie in einer Markthalle eine Fusion aus Frankreich, Italien und New York erleben.

In den lichtdurchfluteten Locations findet ihr französische Galettes und Pains au chocolat, genauso wie knackige Salate mit tollen Toppings und die pizzaähnliche römische Pinsa. Obwohl das Coucou primär auf das To-go-Geschäft ausgerichtet ist, könnt ihr auch vor Ort ein entspanntes Päuschen machen.

☺ coucou.food.market
www.coucou-food.de

Tipp
Besonders cool: In der Filiale in der Nymphenburger Straße gibt's eine Boulebahn vor der Tür!

Diese Gut

# Fabelhafte Falafel und krasse Köfte

Glockenbach
Pestalozzistraße 9, 80469 München

Wir sagen immer: Jede*r braucht einen Falafeldealer des Vertrauens. Unserer ist wahrscheinlich das Diese Gut, das sich in den kulinarischen Pilgerweg der Pestalozzistraße einreiht und die Hood mit ehrlichem Imbissessen bereichert.

Zarte Köfte und fluffige Falafel bekommt man hier entweder als Sandwich oder Dürüm auf die Hand oder als Teller mit verschiedenen Beilagen. Dazu gibt es eine vielfältige Meze-Karte mit Klassikern wie Baba Ganoush und Börek, aber auch mit Neuentdeckungen wie Kereviz (Selleriesalat), Piyaz (Salat aus weißen Bohnen) und Mücver (Zucchinipuffer). Deftiges Essen, Spezi und hausgemachter Ayran – das Diese Gut hat sich auf jeden Fall zum Tempel unserer Katergelüste gemausert!

@diesegut.muc

Tipp

Zu den Köfte solltet ihr euch unbedingt die Spezialcocktailsoße bestellen – klingt erstmal komisch, ist aber ein Match made in heaven.

Finks

## Eine Knödelparty mit Südtiroler Knödeln und feinen Weinen feiern

Gärtnerplatzviertel
Klenzestraße 40, 80469 München

Wir wissen ja nicht, wie's euch geht, aber wir hegen eine leidenschaftliche Knödelliebe. Unser Objekt der Begierde essen wir am liebsten in Finks Knödelküche. Hier bringen die Brüder Johannes und Valentin echten Südtiroler Flair straight outta Bozen an den Gärtnerplatz.

Von Speck bis Steinpilz, von Käse bis Kürbis ist alles dabei. Fleischfans probieren die Leberknödel, Veganer*innen bestellen Lauchknödel. Es gibt den Klassiker Spinat, aber auch Ausgefallenes wie den Pizzaknödel. Dazu oder davor werden verschiedene Soßen, Beilagensalate, ein Vorspeisenbrettl und ausgewählte Südtiroler Weine gereicht. Und wenn dann noch ein bisserl was geht, solltet ihr unbedingt einen Nougat-, Kastanien- oder Honig-Mohn-Knödel zum Nachtisch bestellen.

@finks.muenchen
www.finks.eu

 Tipp

Für den großen Hunger oder die nächste WG-Party: die Knödelpartyplatte mit zehn oder mehr verschiedenen Knödeln bestellen.

Junge Römer

# Falco would approve: frische Pasta und knusprige Pinsa

### Glockenbach
**Pestalozzistraße 28, 80469 München**

Hausgemachte Pasta, Aperitivo, knusprige Pinsa, dunkelgrüne Marmorfliesen und dezenter Italo-Sound im Hintergrund. Fertig ist die perfekte italienische Tagesbar, wie ihr sie in Rom an jeder Ecke – und seit Juli 2020 in der Pestalozzistraße – findet. Junge Römer heißt nicht nur Falcos Album, sondern auch dieses wunderbare Lokal. Ein Laden, der euch an einen kleinen Holztisch setzt, einen Vino in die eine und eine Gabel frischer Pasta in die andere Hand drückt und euch so eine gute Ladung Dolce Vita serviert.

Wir empfehlen euch sowohl Pasta als auch Pinsa mit selbst gemachtem Pistazienpesto und Ricotta oder Burrata sowie Supplì cacio e pepe – römische Reiskroketten mit Pecorino und Pfeffer. Die Aperitivi können sich übrigens ebenfalls sehen lassen: Bei Campari Amalfi, Veneto-Spritz, Wermut und vielen weiteren guten Drinks bleibt hier sicherlich keiner durstig.

🄾 junge.roemer.pasta.fresca

www.jungeroemer-muenchen.de

Madam Chutney

# Indisches Streetfood und viel Liebe zum Detail

Altstadt
**Frauenstraße 11, 80469 München**

Bis vor einiger Zeit war das Madam Chutney noch ein kleines Wohn-zimmerlokal an der Alten Heide. An neuer Location hat sich das Restaurant zu einem richtigen Indian-Soulfood-Tempel mitten in der Altstadt gemausert.

Hier gibt es authentische und traditionelle Gerichte, gewürzt mit einer Prise Abenteuer, die einen direkt nach Delhi katapultieren. Und das in wunderschöner Atmosphäre: Statt Bollywood-Kitsch gibt's viel Holz, Industrial-Glühbirnen, Polstersessel und indische Vintage-Plakate. Besitzerin Prateek bereitet ihre Gerichte auf dieselbe liebevolle und aufwendige Art zu, wie ihre indische Familie es tun würde. Auf jeden Fall probieren: Samosas, Kathi Rolls und den einzigartigen Mangolassi mit Rum und Fenchel.

⌾madam_chutney
www.madamchutney.com

Made in Portugal & Brasil

# Fernweh, Feinkost und Familie

Schwabing
Karl-Theodor-Straße 18a, 80803 München

Das hier ist einer dieser Orte, die man eigentlich niemandem verraten möchte, damit sie ein Geheimtipp bleiben. Der portugiesische Tante-Emma-Laden ist so herrlich unaufgeregt und chaotisch, dass einem schon beim Betreten warm ums Herz wird. Das Schönste: Es ist ein echter Familienbetrieb. Während Papa Bernardo authentische Leckereien der portugiesischen und brasilianischen Küche zaubert, schmeißt Mama Maria täglich den gesamten Service und unterhält ihre Kund*innen dabei vergnügt mit Anekdoten aus ihrer Heimat Portugal.

Maniokwurzel, Açaíbeeren, Vinho verde oder eingesalzener Bacalhau – hier bekommt ihr eine bunte Auswahl portugiesischer und brasilianischer Produkte. Montag bis Freitag gibt's einen wechselnden Mittagstisch, jeden Samstag wird brasilianische Feijoada aufgetischt und auch sonst kann man verschiedene frische Säfte, Gebäck oder Pastéis de Nata probieren.

www.portugal-brasil.com

 Tipp

Auf der kleinen Terrasse kann man wunderbar Vinho verde schlürfen und an lauen Sommerabenden die letzten Sonnenstrahlen genießen.

Mai Garten

# Authentisch chinesisches Essen entdecken

**Au**
Ohlmüllerstraße 24, 81541 München

Es gibt kein authentisch chinesisches Essen in München? Der kleine, unscheinbare Mai Garten beweist uns das Gegenteil. Hier gibt's die knusprigste Ente, den besten gebratenen Schweinebauch und gedämpfte Teigtaschen, in denen wir gerne baden würden. Unser unangefochtener Favorit ist aber auf jeden Fall die gebratene Aubergine nach Szechuan-Art.

Im Herbst 2019 hat der Laden, der doch mehr Imbiss als Restaurant ist, eine Schwester am Gärtnerplatz bekommen. Im Mai Garten in der Buttermelcherstraße kommt nun auch ein bisschen Restaurantstimmung auf, und im Gegensatz zum Laden in der Au, könnt ihr hier außerdem ein Gläschen Wein zum Essen trinken.

⊙ maigarten_au
www.mai-garten.com

Manouche

# Ein Ausflug nach Beirut: libanesische Pizza und viel Anisschnaps

Sendling
**Valleystraße 19, 81371 München**

Wer glaubt, dass libanesische Küche nur Hummus kann, sollte auf jeden Fall mal einen Abstecher ins Manouche machen. Hier beglückt euch das nette Team mit herrlichen Meze und libanesischen Pizzen aka Manouche. Im ungezwungenen Imbissflair könnt ihr euch für einen Abend von der Valleystraße straight in den Libanon versetzen lassen. Das Publikum ist so bunt gemischt wie die Fliesen an der Theke.

Als Absacker gibt's danach eine Runde Arak, einen ungesüßten Anisschnaps, der einem ohne ordentliche Meze-Grundlage ganz schön den Boden unter den Füßen wegzieht.

www.manouchemanouche.de

 Tipp
Direkt um die Ecke liegt das Schwesterlokal Beirutbeirut
– unser liebster Falafeldealer in Sendling.

Royal Healthy Slices

# Georgisch-griechische Leckereien und Gastfreundschaft

Schwabing
Hohenzollernplatz 4, 80796 München

Bei jedem Besuch im kleinen Imbiss von Herakles und seiner Mama am Hohenzollernplatz fühlen wir uns wie bei alten Freunden. Herakles ist mit seiner herzlichen Art auf jeden Fall der Posterboy für griechisch-georgische Gastfreundlichkeit, der euch aus der Anonymität der Großstadt befreit. Während er euch mit dem neuesten Klatsch aus dem Viertel versorgt, zaubert seine Mama im Hintergrund Meskhuri, Adjaruli, Lobiani und Co. Viele der Gerichte bestehen aus Teig, der mit allerlei Leckereien gefüllt wird.

Wir lieben Lobiani mit Bohnen und Koriander und die Veggie-Meskhuri mit Gemüse und Kartoffelbrei. Danach eine der süßen Sünden und einen griechischen Mokka und euer Tag ist gerettet.

@royal_healthy_slices
royal-healthy-slices.business.site

SAM

# Sommer, Sushi, Sonnenschein

### Westend
**Ligsalzstraße 30, 80339 München**

Das große Ecklokal in der Ligsalzstraße hat eine bewegte Vergangenheit. Daher waren wir froh, als im März 2018 nicht der nächste Döner-Pizza-Laden einzog, sondern das SAM, das uns seither mit spannenden Sushikreationen, japanischen Tapas, Ramen und Rice Bowls versorgt.

Wir sind Fans vom provisorischen Charme des Ladens – hier sitzt ihr zwischen Zeitungstapete auf umfunktionierten Getränkekisten und snackt Fusion Rolls mit flambiertem Lachs. Im Sommer gehen die großen Fensterfronten zur Straße auf und ihr könnt das Treiben im Westend verfolgen.

⊙ sam.sushi.and.meat

www.sushiandmeat.de

 Tipp

Wer nicht so oft im Westend ist, kann in den Filialen in der Maxvorstadt und in Neuhausen vorbeischauen – oder sich SAM-Kreationen nach Hause bestellen.

# Veganes Vergnügen

Käsekuchen, Krapfen, Kässpatzen – das hartnäckige Gerücht, dass eine vegane Ernährung gleichzeitig großen Verzicht bedeutet, hält sich mindestens so wacker wie die Liebe der Bayern zu ihren Weißwürsten. Zum Glück gibt es in unserer Stadt viele Läden, die gewaltig an diesem Klischeebaum sägen.

Und egal, ob ihr komplett vegan unterwegs seid oder einfach mal ein bisschen rumprobieren wollt: Wir empfehlen euch Cashew-Cheesecake, Beyond-Meat-Burger, Seitandöner und unendlich viele andere vegane Leckereien, die alles andere als Verzicht bedeuten.

**A–Z**
1   Bodhi
2   Deli Kitchen
3   Dr. Drooly
4   Emmi's Kitchen
5   Erbils
6   Ignaz
7   Kansha
8   Soy
9   The Gratitude
10  Tian
11  Vegan Chay

### 3 DR. DROOLY
Veganes Fast Food, das gut schmeckt, frisch zubereitet wird und weit weg von Körnerklischees ist. Zum Beispiel üppig belegte Pizzen mit knusprigem Teig und hausgemachtem Cashew-Mozzarella.
ⓘ doctordrooly, www.doctordrooly.de

### 1 BODHI
Schnitzel, Gyros, Käsespätzle – vegane Völlerei gibt's im Bodhi im Westend. Unser Tipp: Platz lassen für den Kaiserschmarrn und unbedingt reservieren! ⓘ bodhivegan, www.bodhivegan.de

### 2 DELI KITCHEN
Jamaikanisches Bananenbrot, Pflaume-Walnuss-Tarte oder Schokobrownie: In Obergiesing werden vegane Kuchenträume wahr. Ein Besuch lohnt sich auch zum Mittagessen! ⓘ delikitchen_tm, www.delimunich.de

### 5 ERBILS

Der Seitandöner ist mittlerweile stadtbekannt, aber auch für Falafel und türkische Spezialitäten lohnt sich der Ausflug nach Haidhausen.

erbils.business.site

### 4 EMMI'S KITCHEN

Im schönen Hinterhof wird ausschließlich vegan aufgetischt: Burger, Bowls oder Frühstück mit Tofu Scramble, Porridge, Pancakes, Smoothies und Zimtschnecken. Neu: In Giesing gibt's jetzt ein zweites Emmi's Kitchen!

emmis.kitchen, www.emmis.kitchen

### 6 IGNAZ

Frühstücksbuffet, riesige Kuchentheke, Mittagessen und Sonnenterrasse – seit 30 Jahren wird im Ignaz vegan und vegetarisch gekocht.

1  **Bodhi** Ligsalzstraße 23, Westend

2  **Deli Kitchen** Gietlstraße 17, Giesing

3  **Dr. Drooly** Häberlstraße 7, Ludwigsvorstadt

4  **Emmi's Kitchen** Buttermelcherstraße 11–15, Gärtnerplatzviertel

5  **Erbils** Breisacher Straße 13, Haidhausen

6  **Ignaz** Georgenstraße 67, Maxvorstadt

### 7 KANSHA

Von Wassermelonen-Nigiri bis Lauch-Tempura – das Kansha ist das erste komplett vegane Sushirestaurant in München.

kansha.restaurant, www.kansha-restaurant.de

### 8 SOY

Im stylishen Restaurant in der Theresienstraße gibt's deftig-vegane vietnamesische Küche. Auf der Karte finden sich alte Bekannte wie Sommerrollen, Pho und Papayasalat, aber auch jede Menge spannende Gerichte, die von der buddhistischen Küche inspiriert sind.

soy.muenchen, www.soy-muenchen.com

### 9 THE GRATITUDE

Von Wassermelonensteak bis Cashew-Cheesecake – The Gratitude beweist mit kreativen Menüs und Alice im Wunderland-Flair, wie einfallsreich und ausgefallen vegane Küche sein kann.

thegratitude.eatery, www.thegratitude.de

## 10 TIAN

Im tollen Tian wird gehobene vegetarische und vegane Sterneküche kredenzt. Auf dem Tisch landen kreative Gerichte, bei denen von der Wurzel bis zum Blatt alles Verwendung findet. Wer Lust hat, sich mal Gourmet-küche in edler Atmosphäre zu gönnen, ohne dabei als Veganer*in auf Beilagen ausweichen zu müssen, ist hier genau richtig.

tian_muenchen, www.tian-restaurant.com/muenchen

## 11 VEGAN CHAY

Lust auf Sushi mit täuschend echtem, aber veganem Lachs, knusprige vegane Ente oder Curry mit veganen Garnelen? Dann ist das sympathische vietnamesische Lokal euer Place to be!

chay.vegan.restaurant.munich, www.chayrestaurant.de

7 **Kansha** Occamstraße 6, Schwabing

8 **Soy** Theresienstraße 93, Maxvorstadt

9 **The Gratitude** Türkenstraße 55, Maxvorstadt

10 **Tian** Frauenstraße 4, Altstadt

11 **Vegan Chay** Volkartstraße 70, Neuhausen

## 11 DINGE, DIE DIR SO
## NUR IN MÜNCHEN PASSIEREN

**1**

DEIN BESTER FREUND STEHT KURZ VOR DER TRENNUNG.
DU SCHLÄGST DICH ALS NACHMIETER*IN FÜR SEINE WOHNUNG VOR.

**2**

DIE MORGENDLICHE BAYERISCH-GRANTIGE DURCHSAGE IN DER U-BAHN MACHT
DIR KEINE SCHLECHTE LAUNE, SONDERN ZAUBERT DIR EIN LÄCHELN INS GESICHT.

**3**

DEIN FREUNDESKREIS GEHT SPÄTESTENS UM MITTERNACHT HEIM,
WEIL ALLE MORGEN FRÜH IN DIE BERGE „MÜSSEN".

**4**

IN DER U-BAHN: LINKS NEBEN DIR EIN SURFER MIT BRETT UNTERM ARM, RECHTS
NEBEN DIR EINE FRAU MIT SKIERN IN DER HAND. DU WUNDERST DICH NICHT.

**5**

ALLE BLEIBEN AN DER ROTEN AMPEL STEHEN. AUCH UM 3 UHR MORGENS,
WENN KEIN AUTO IN SICHT IST.

**6**

DU DENKST BEI LIQUID COCAINE NICHT AN EINE NEUE DESIGNERDROGE, SONDERN
AN DAS MÜNCHEN-STAMPERL SCHLECHTHIN.

**7**

DU LERNST JEMAND NEUES KENNEN. IHR HABT 83 GEMEINSAME
FREUND*INNEN AUF FACEBOOK. ER IST DER ARBEITSKOLLEGE DES BRUDERS
DEINER BESTEN FREUNDIN.

**8**

MONTAG, 11 UHR, DIE SONNE SCHEINT, ES HAT ÜBER 15 GRAD.
DIE BIERGÄRTEN SIND VOLL.

**9**

EINE GRUPPE FREUND*INNEN DISKUTIERT EINE HALBE STUNDE DARÜBER,
OB ES DER, DIE ODER DAS SPEZI HEISST.

**10**

DEIN RADL STEHT AUS VERSEHEN EINE WOCHE UNABGESPERRT VOR DEINER HAUS-
TÜR. UND IST NATÜRLICH IMMER NOCH DA.

**11**

DU HOFFST INSTÄNDIG, DASS *MIT VERGNÜGEN* DEINE GEHEIME
LIEBLINGS-BOAZN NICHT ENTDECKT.

# Stil

STIL

# Hipster-schmiede

70er-Jahre-Rennrad, analoge Kamera um den Hals, Vintage-Uniform am Start und mit Laptop unterm Arm einen Flat White bestellen – fertig ist der Hipstertraum. Ob Hipster am Ende ein Kompliment oder eine Beleidigung ist, wissen wir bis heute nicht. Ist uns aber auch egal, denn wisst ihr, was wir am hippen Lifestyle gut und unterstützenswert finden? Den Sinn für Qualität, ausgewählte Produkte, feines Handwerk und Ästhetik.

Gut, dass es einige Läden gibt, die euch mit all dem versorgen, was ihr für euer ganz individuelles Hipsterstarterkit so braucht – die Betonung liegt auf individuell.

STIL

A HAPPY PLACE

# Das Schlaraffenland der schönen Dinge

### Westend
Parkstraße 4, 80339 München

Westend Bestend! Das beweisen all die tollen kleinen Läden und Gastronomien, die sich hier in den letzten Jahren niedergelassen haben. Zum Beispiel der wunderschöne Concept Store A HAPPY PLACE, in dem ihr liebevoll kuratierte Produkte lokaler Künstler*innen und kleiner Labels aus aller Welt findet. Naturkosmetik, Mode, Interior, Schmuck, Coffee Table Books, Kindersachen und Wein - in dem charmanten Laden gibt es alles, was das Leben schöner macht.

Das Besondere: Die vertretenen Labels und Künstler*innen müssen keine Provision für den Verkauf ihrer Produkte bezahlen. Stattdessen beteiligen sie sich mit einem geringen Beitrag an den Unkosten des Ladens und bekommen dafür ihren gesamten Umsatz von Besitzerin Phaedra ausgezahlt. Hier steckt viel Herzblut drin – von allen Seiten!

ⓘ ahappyplace.store
www.ahappy.place

A Kind of Guise

# Minimalistisch, classy und in Deutschland produziert

### Maxvorstadt
Adalbertstraße 41b, 80799 München

Was 2009 in München als kleines Modelabel anfing, ist mittlerweile eines der coolsten jungen Labels, die Deutschland zu bieten hat. Bei A Kind of Guise findet ihr eine breite Palette an minimalistischen und trotzdem experimentellen Frauen- und Männerklamotten – alle aus hochwertigen Materialien und vollständig in Deutschland hergestellt.

Zweimal im Jahr wird eine saisonale Kollektion veröffentlicht, dazu gibt's Accessoires und zeitlosere Stücke. Wir wissen ja nicht, wie es euch geht, aber wenn wir groß sind und viel Geld verdienen, wollen wir bitte, dass unser Kleiderschrank nur noch aus classy AKOG-Teilen besteht.

◎ akindofguise
www.akindofguise.com

Alva-Morgaine

## In eine verwunschene Vintage-Schatz-kammer eintauchen

Glockenbach
Hans-Sachs-Straße 9, 80469 München

Als wir das erste Mal ganz zufällig in Alva-Morgaines wunderbarem Vintage-Store gelandet sind, waren wir sofort hin und weg. Wenn man zum Eingang reinkommt, fühlt es sich an, als wäre man gerade durch einen geheimen Kleiderschrank in eine märchenhafte Zauber-welt gestolpert.

Der ganze Laden ist bis zur Decke voller kunterbunter Kleidungs-stücke und abgefahrener Möbel – Narnia für Vintage-Lovers und Kostümverrückte quasi. Ihre Schätze sammelt Alva-Morgaine in aller Welt: traditionelle Roben aus der Mongolei, seidige Kimonos aus fernen Ländern und mittelalterlich anmutende Hochzeitskleider aus feinster Spitze. Geht da hin und verliert euer Herz an den verwun-schenen Laden, seine zuckersüße Besitzerin und die Schätze aus allen Epochen und Ecken der Welt!

ⓘ alvamorgaine.vintagestore
www.alva-morgaine.de

Bici Bavarese

## Konnichiwa Bici: Vintage-Rennräder und legendärer Leberkas

Maxvorstadt
Türkenstraße 26, 80333 München

Unser Rennraddealer des Vertrauens ist auf jeden Fall das Bici Bavarese, aus dem – dank eines zweiten Ladens samt Café und Werkstatt in der Türkenstraße – ein kleines Münchner Vintage-Bike-Imperium geworden ist. Der Name steht für die alte Liebe zwischen Bayern und Italien und wird „Bietschi Bavarese" ausgesprochen, falls euer Italienisch genauso eingerostet ist wie euer alter Stahlrahmen, den die Bici-Boys gerne für euch restaurieren.

Die Jungs – das sind Max, Flo und Fabi – vereint schon lange die gemeinsame Leidenschaft für ihre Fahrräder. Und selbst wenn ihr bereits das elfte Rennrad euer Eigen nennt, gibt es genügend Gründe für den Besuch – wir sagen nur: frischer Kaffee, Florentiner, Flötzinger Cola Mix und die legendäre Leberkas-Semmel mit Weltmeistersoße.

⊙ bicibavarese
www.bicibavarese.de

Homegirl Store

# Lässige Frauenmode und Hip-Hop
# im Hintergrund

Gärtnerplatzviertel
Reichenbachstraße 30, 80469 München

Einer unserer liebsten Läden im Glockenbach ist auf jeden Fall der
Homegirl Store. Besitzerin Medo sorgt dafür, dass ihr euch gleichzeitig wie zu Hause und so cool wie Jenny from the block fühlen könnt.
Während ihr durch die lässige Frauenmode stöbert, läuft im Hintergrund smoother Hip-Hop.

Wichtig ist Medo, dass die vertretenen Labels bewusst und fair
produzieren und sich in einem bezahlbaren Rahmen bewegen. Hier
gibt's neben Retro-Ohrringen vom spanischen Label Après Ski und
Glitzersöckchen von Becksöndergaard auch schöne Sachen von
kleinen feinen Labels aus München und Berlin.

⊚ homegirlstore
www.homegirlstore.de

Julius Brantner

## Echtes Biobrothandwerk in der stylishsten Bäckerei der Stadt

### Maxvorstadt
**Adalbertstraße 25, 80799 München**

Wir sind Fans und für das Brot von Julius Brantner fahren wir schon mal durch die halbe Stadt. In der schönsten Backstube ever kann man tatsächlich noch von echtem Brothandwerk sprechen und durch die großen Fenster direkt bei der Zubereitung zuschauen. Der junge Bäckermeister Julius legt viel Wert auf gute Zutaten, Handarbeit und gibt seinen Teigen noch Zeit zum Gehen.

Wir lieben den Hauslaib mit Fenchel, Anis, Koriander und Kümmel genauso wie das Roggenbrot mit fermentierten Apfelstücken, denn das schmeckt selbst nach einer Woche noch unglaublich gut. Große Liebe also für echtes Handwerk, grandiosen Geschmack und einen Laden, der alles andere ist als altbacken.

⊙ juliusbrantner
www.julius-brantner.de

Tipp
Über den Onlineshop könnt ihr euch das Brot eurer Begierde auch vorbestellen und im Store abholen.

Man versus Machine

# Frisch gerösteter Third Wave Coffee und fabulöse Franzbrötchen

Glockenbach
Müllerstraße 23, 80469 München

„Life can be bitter. Your coffee shouldn't be!" Das ist das Motto der Kaffeeröster*innen von Man versus Machine mit den schönen Läden im Glockenbach und in der Maxvorstadt. Man versus Machine setzt wie viele der sogenannten Third-Wave-Röstereien auf eine helle Röstung. Dabei entsteht Kaffee, der nicht bitter, sondern fruchtig, süßlich und schokoladig schmeckt. Verarbeitet werden nur hochklassige und eigens geröstete Arabica-Bohnen, die als Filterkaffee oder Espresso aufgebrüht werden. Dazu gibt's selbst gebackene vegane Kuchen und saugute Franzbrötchen.

 manversusmachine
www.mvsm.coffee

Tipp
Wer auch zu Hause krassen Kaffee trinken will, kann sich die hauseigenen Röstungen in den Stores kaufen.

S
T
I
L

Monokel Berlin

## Hochwertige Maßanzüge und Ouzo

Glockenbach
Fraunhoferstraße 26, 80469 München

Maßkonfektionär? Klingt nach angestaubten älteren Herren in Nadel-streifen. Wie sexy maßgeschneiderte Anzüge sein können, zeigt Monokel Berlin. Das kleine Label hat neben Stores in Berlin und Riga auch einen Laden im Glockenbach. Und der ist so schön, dass man am liebsten den ganzen Tag drin sitzen, Espresso schlürfen und über Einstecktüchlein diskutieren möchte.

Neben hochwertigen Anzügen für verschiedene Lebenslagen be-kommt ihr bei Monokel Berlin auch alles andere, was ihr für euren ultimativen Stenz-Look braucht: schicke Hemden, Hosen, Schuhe, Socken und bunte Krawatten. Oben drauf gibt's fachkundige Beratung von charmanten Mitarbeitern und (wenn ihr nett seid) ein Stamperl Ouzo von der Minibar im Laden.

@ monokelberlin
www.monokelberlin.de

Optimal Records

# In Vinyl, Büchern und Wein stöbern

Glockenbach

Kolosseumstraße 6, 80469 München

Der Plattenladen im Glockenbach ist ein absolutes Münchner Urgestein: Hier kann man schon seit 1982 Vinyl aus erster und zweiter Hand ergattern. Dazu gibt's CDs, Bücher, Zeitschriften und Wein – starke Kombi! Auch genretechnisch ist die Mischung bunt. Egal, ob ihr Soul, Techno, Funk, Disco, Punk, Dubstep, Hip-Hop oder Drum & Bass liebt, bei Optimal Records werdet ihr garantiert fündig. Die fein kuratierte Auswahl ist berühmt-berüchtigt: Kann schon sein, dass ihr beim Stöbern auf DJ Hell oder andere lokale DJ-Größen trefft.

⊡ optimalrecords

www.optimal-records.de

SHRN

## Münchens feinster Skateshop

Gärtnerplatzviertel
Klenzestraße 16, 80469 München

Pilgerstätte für alle Skatergirls und -boys der Stadt ist der SHRN in der Klenzestraße. Die wirr wirkende Buchstabenkombi steht übrigens für SooHotRightNow – trotzdem haben wir immer noch keine Ahnung, wie man das Kürzel korrekt ausspricht. Im kleinen Shop gibt es eine Menge Skateboardequipment, Sneaker, Klamotten und Accessoires.

Neben der SHRN-Eigenmarke werden nur Brands und Hersteller supportet, deren Produkte das Team mit gutem Gewissen selbst kaufen würde. Die Beratung ist super, also könnt ihr euch auch ruhig in den Laden trauen, wenn ihr zwar noch nicht so viel Plan, aber Bock auf Skaten habt.

🔲 soohotrightnow
www.soohotrightnow.com

Tipp

Radioshow, Label und Plattenladen in einem: Direkt nebenan wartet der Store von Public Possession.

Soda Books

# Artsy Bücher und Indie-Magazine ergattern

Gärtnerplatzviertel
Rumfordstraße 3, 80469 München

Wer denkt, dass Print tot sei, muss unbedingt zu Soda Books. Der schlichte und helle Laden ist prall gefüllt mit besonderen Büchern, Indie-Magazinen und hübschen Postkarten. Und die sind alle so schön, dass man sich fast gar nicht traut, darin zu blättern. Grafikdesign, Mode, Architektur, Fotografie, Typografie, Interior Design, Kulinarik, Kunst und Reise – die Themen sind mehr als vielfältig und decken auch viele Special Interests ab.

In uns löst das Soda auf jeden Fall regelmäßig den Wunsch aus, einen hübschen Coffee Table zu besitzen, auf dem wir die ganzen schnieken Magazine drapieren und dann ganz vorsichtig darin blättern können.

sodabookscom
www.sodabooks.com

87

# Umweltbewusst

Ja, selbst der nachhaltigste Konsum ist immer noch Konsum. Da Jahreszeiten und die Gesellschaft dauerhafte Nacktheit aber unmöglich machen, wollen wir bei Kleidung, Einrichtung und Accessoires wenigstens etwas genauer hinschauen, woher die Dinge kommen, die wir kaufen, und wie sie produziert werden.

Dass Fair Fashion und Ökotextilien dabei nicht auf sackartige Leinenhosen beschränkt sind, beweisen viele junge Marken zum Glück schon länger, und wir sind froh, dass es mindestens 11 lässige Läden gibt, in denen wir guten Gewissens stöbern können.

STIL

**A–Z**
1   Bella Natura
2   Capricorn Store
3   Dear Goods
4   Diskosirup
5   Hier Store
6   Iki M.
7   Ohne Supermarkt
8   Santa Maria Novella München
9   Somewhere
10  Veganista
11  WE.RE Store

Bella Natura

# Ökologische, faire und vegane Mode
# auf drei Stockwerken

Schwabing
**Herzogstraße 1, 80803 München**

Während die meisten Fair-Fashion-Läden erst in den letzten Jahren eröffnet haben, hat Bella Natura schon stolze 15 Jahre auf dem Buckel. Neben dem Standort in der Haimhauserstraße hat 2018 direkt an der Münchner Freiheit der neue Bella Natura Concept Store eröffnet, in dem ihr ökologische, faire und vegane Kleidung für Frauen und Männer und schöne Lifestyle-Produkte findet. Und das auf drei Etagen!

Neben bekannten Labels wie People Tree und Armedangels sind hier auch einige kleinere Modemarken vertreten. Ohne Hektik und überladene Regale könnt ihr ganz entspannt zwischen bewusst ausgewählten Stücken stöbern und neue Lieblingsteile finden.

⊙ bellanatura_fairfashion
www.bella-natura.shop

Capricorn Store

## Ausgewählte Secondhand-Teile, Schmuck und Beautyprodukte nachhaltiger Marken

Gärtnerplatzviertel
Reichenbachstraße 30, 80469 München

Der kleine Capricorn Store in der Reichenbachstraße ist das absolute Gegenteil von überfüllten Secondhand-Shops. Hier landen nur sorgfältig ausgewählte und top gepflegte Teile auf den Bügeln. Stöbert also ganz in Ruhe und ohne Chaos durch gut erhaltene Preloved-Klamotten von Labels wie Acne Studios, Isabel Marant und & Other Stories.

Dazu gibt's im Capricorn Store eine tolle Auswahl an neuen Sachen – von Schmuck über Interior bis Beauty. Alles von Marken, die entweder regional sind, nachhaltig produzieren oder ihre Produkte in liebevoller Handarbeit fertigen. Mit dabei sind auch viele tolle Marken aus München!

◎ capricorn.store
www.capricorn-store.com

Dear Goods

# Bekannte Brands und allerlei Dinge für das schöne nachhaltige Leben

Schwabing
Friedrichstraße 28, 80801 München

Dear Goods ist schon lange kein Geheimtipp mehr, aber immer noch eine super Anlaufstelle für vegane, faire und biologische Mode. In München gibt es mittlerweile sogar mehrere Standorte: zwei im Glockenbach, den etwas größeren in Schwabing und seit Kurzem einen kleinen Store mit Männersachen in der Hohenzollernstraße.

In allen Stores findet ihr ausgewählte Mode von bekannten Brands wie Armedangels oder ThokkThokk, aber auch immer tolle Teile von unbekannteren jungen Designer*innen und innovativen veganen Marken. Dazu gibt's Schmuck, Taschen und lauter Dinge, die euch ein nachhaltigeres Leben einfacher und schöner machen.

@ deargoods
www.deargoods.com

Tipp
In allen Stores hängen pro Kleidungsstück immer nur zwei Größen auf der Stange. Also einfach fragen, wenn ihr eine andere Größe sucht.

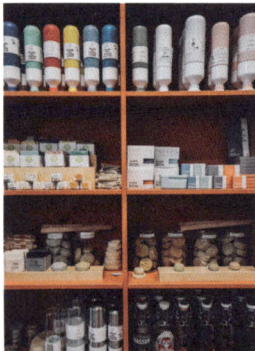

STIL

Diskosirup

# Mode mit einem Hauch von Extravaganz

Haidhausen
Wörthstraße 13, 81667 München

Das Konzept des Diskosirup Store in Haidhausen? „Disko up your life!"
Mit einem Herz für Extravaganz werden im Concept Store Mode,
Schmuck, Keramik, Home Accessoires, Papeterie und Naturkosmetik
angeboten. Die Produkte kommen dabei vornehmlich von Münchner
Marken und kleinen deutschen Manufakturen oder von feinen skandi-
navischen Labels.

   Dazu kommen vegane Taschen, Kissen und Klamotten von der
Diskosirup-Hausmarke – vieles handgemacht und alles mit einem
gewissen Twist versehen. Wenn noch mal jemand sagt, dass Produkte
von nachhaltigen Brands langweilig und schnöde aussehen, schickt
 sie *ihn einfach hierher!

diskosirup
www.diskosirup.de

Hier Store

## Münchner Labels unterstützen und nachhaltige Brillen kaufen

Haidhausen
Innere Wiener Straße 24, 81667 München

Im wunderschönen Laden von Textildesignerin Stephanie Kahnau findet ihr ausschließlich Münchner Labels – Risografiedrucke von Herr & Frau Rio, Porzellan von Annika Schüler und vieles mehr. Der Laden ist aufgebaut wie eine Wohnung – und die ist so schön, dass wir am liebsten sofort einziehen würden.

Ihr könnt hier herrlich durch die Zimmer stöbern, den Textildesignerinnen Stephanie und Eva in ihren zwei Ateliers beim Arbeiten über die Schulter gucken oder Jules und Mel besuchen. Seit Kurzem verkaufen die beiden in einem der Hinterzimmer ausgewählte Brillen von drei nachhaltigen Brands. Die zwei zuckersüßen Girls sind nicht nur fachkundige Optikerinnen, sondern haben auch ein super Gespür dafür, welche Brille zu einem passt. Manchmal gibt's sogar Kuchen, den die beiden frisch backen. Ihr merkt, wir sind ein bisschen verliebt und sehen uns bestimmt bald im Hier Store!

⊙ hier_studio.store
www.hier.studio

Iki M.

# Faire Mode und Vintage-Teile shoppen

Maxvorstadt
Adalbertstraße 45, 80799 München

„Vive la Bíohème!" ist das Motto des schönen Ladens an der Ecke
Barer- und Adalbertstraße, der sich auf Organic Fashion im Mix mit
Vintage-Teilen spezialisiert hat. An den hellen Schaufenstern bleibt
man jedes Mal wieder gerne stehen und auch reingehen lohnt sich
natürlich. Hier bekommt ihr liebevoll ausgewählte Stücke für Mädels,
die nicht nur fair und umweltfreundlich produziert, sondern auch
stylish und schick sind. Der beste Beweis, dass öko und tolles Design
schon lange kein Widerspruch mehr sind.

ikim.storemunich
www.iki-m.de

Ohne Supermarkt

## Verpackungsfrei einkaufen war nie schöner

Maxvorstadt
Schellingstraße 42, 80799 München

Genervt von den Tausenden Plastiktüten und Verpackungen? Dass einkaufen auch ohne Plastikmüll geht, beweist der Ohne Supermarkt in der Schellingstraße schon seit 2016. Für euren Einkauf bringt ihr eure Behältnisse für Reis, Linsen, Nüsse, Nudeln und Co. am besten selbst mit und wiegt sie vor Ort ab, bevor ihr euch ans Abfüllen macht.

Neben Lebensmitteln gibt es allerlei andere Dinge für den alltäglichen Bedarf sowie Produkte, die euch ein nachhaltigeres Leben vereinfachen. Mittlerweile könnt ihr sogar an zwei Standorten in München beim Einkaufen was fürs Klima tun, denn neben dem ersten Laden in der Maxvorstadt gibt's auch einen zweiten Store in Haidhausen.

ⓞ ohne_laden
www.ohne-laden.de

Santa Maria Novella München

## Traditionelle Naturkosmetik aus Florenz

Altstadt

Promenadeplatz 2–6, 80333 München

Wer wissen will, was italienische Mönche mit James Bond gemeinsam haben, muss in die Farmacia di Santa Maria Novella, die älteste und wohl schönste Apotheke Europas. In der Klosterapotheke werden seit 1612 erlesenste pharmazeutische und kosmetische Produkte, Seifen und Düfte hergestellt. Heilkräuter und weitere Inhaltsstoffe baut man noch heute größtenteils in der hügeligen Landschaft um Florenz an.

Das Sortiment reicht von Rosenlikör, Minzpastillen und armenischem Räucherpapier bis hin zu Rasierpinseln und Zahnpasta in edler Verpackung. Das alles könnt ihr zum Glück auch in München kaufen. Genauer gesagt im Bayerischen Hof, denn hier erwartet euch der erste deutsche Flagship-Store von Santa Maria Novella.

@ santamarianovellamuenchen

www.mdc-core.de

Tipp

Riechen wie ein Bond-Girl? Das geht mit dem Duft Melograno, den Vesper Lynd in *Casino Royale* trägt!

Somewhere

# Handwerkskunst aus aller Welt

Glockenbach
Hans-Sachs-Straße 6a, 80469 München

Ihr wollt eurem Zuhause ein bisschen Bohoflair verleihen? Dann seid ihr im kleinen, aber feinen Laden von Attila von Stein richtig. Zwischen Bambuslampen und handgeknüpften Teppichen fühlt man sich hier schon beim ersten Schritt über die Türschwelle wie in einen bunten Souk in Marrakesch versetzt. Dazu gibt es Körbe aus Naturfasern, Keramik, Löffel aus Mangoholz, Samtkissen, Windlichter aus Kokosnussschalen und vieles mehr.

Die Produkte findet Attila auf seinen Reisen in ferne Länder, meist Indien, Indonesien oder Marokko. Wichtig ist ihm dabei, dass die Waren authentisch sind und von kleinen Hersteller*innen aus nachwachsenden und lokalen Rohstoffen traditionell gefertigt werden.

☉ somewhereshopmunich
www.hausundtempel.de

S
T
I
L

Veganista

# Vegane und ökologische Fair Fashion
# in Boutique-Atmosphäre

Maxvorstadt
Barer Straße 36, 80333 München

Am Veganista radeln wir regelmäßig auf dem Weg in die Arbeit vorbei und lugen jedes Mal neugierig ins Schaufenster. In der hübschen Boutique findet ihr sorgfältig ausgewählte vegane und ökologische Fair Fashion. Jede Saison sammeln die lieben Besitzerinnen neue hochwertige und trotzdem erschwingliche Stücke zusammen. Rahel und Bettina stehen euch jederzeit mit Rat und Tat zur Seite und helfen euch, neue Lieblingsteile zu finden.

Wer möchte, kann aber natürlich auch ungestört vor sich hin stöbern. Neben Kleidungsstücken findet ihr Schuhe und Accessoires.

www.veganista-muc.de

WE.RE Store

## Hochwertige und minimalistische Mode made in München

Gärtnerplatzviertel
Buttermelcherstraße 5, 80469 München

Dass München junge und innovative Mode kann, beweist das Label WE.RE. Angefangen als Pop-up, hat sich das Modelabel von Theresa Reiter und Katharina Weber mittlerweile zu einer international bekannten Marke gemausert.

Seit 2015 verkaufen die beiden ihre Kollektionen in ihrem eigenen Store im Gärtnerplatzviertel. Ihr Slogan: „Sophisticated minimalism. Handmade in Germany." Und das beschreibt ihre Designs auch ziemlich gut. Dabei ist den Designerinnen wichtig, nachhaltige Entscheidungen zu treffen, wo immer es möglich ist. Wir sind große Fans der zeitlosen Klassiker, die die beiden Girls in ihrem Studio kreieren. Schaut vorbei und findet neue Lieblingsteile, die jeden Trend überdauern!

🄾 werealabel
www.werealabel.com

STIL

# Style und kein Geld

Ende des Monats und ihr schmeißt nur noch Fuchzgerl statt Fuffis durch den Club? Eure Miete frisst euch jeden Monat ein riesiges Loch ins Budget? Kein Problem, we've got your back! Egal, ob ihr Geschirr und Möbel für die WG braucht, euch neu einkleiden wollt oder es einfach liebt, Schnäppchen zu schnappen: München kann auch richtig billig.

Vom Flohmarkt übers Gebrauchtwarenkaufhaus bis hin zum Secondhand-Buchladen – in vielen Fällen unterstützt ihr beim Shopping sogar noch die gute Sache!



A–Z

1 Buch & Töne
2 Diakonia Kaufhaus
3 Halle 2
4 Kommbar
5 Kunst Oase
6 Miramu
7 Olympiapark-Flohmarkt
8 Second Hand Spitzbarth
9 The Munich Readery
10 Vintage Revivals
11 Weißer Rabe

Buch & Töne

## Günstige Mängelexemplare im Buch & Töne abstauben

Maxvorstadt
Amalienstraße 46, 80799 München

Wer gerne liest, aber keine Unsummen ausgeben kann oder will, ist hier richtig. Der gemütliche Laden in Uninähe ist eine Mischung aus modernem Antiquariat und klassischer Buchhandlung. Hier findet ihr eine große Auswahl an Büchern mit kleinen Mängeln, die kaum auffallen.

Im Buch & Töne könnt ihr die Mängelexemplare und original verpackte Restauflagen zu einem niedrigeren Preis ergattern. Dazu gibt's im Ladengeschäft und in der zweiten Filiale in Haidhausen Grußkarten, Notizbüchlein, CDs und vieles mehr. Perfekt, um mit den freundlichen Mitarbeiter*innen einen Plausch über Literatur zu halten oder ganz ungestört in den Stapeln und Regalen zu stöbern.

buch_und_toene
www.buchundtoene.com

Diakonia Kaufhaus

# Auf über 1.200 Quadratmetern stöbern und ein Sozialprojekt unterstützen

Moosach
Dachauer Straße 192, 80992 München

Ganze acht Diakonia-Läden gibt es mittlerweile in München, der beste Tipp ist aber immer noch das Diakonia Kaufhaus. Möbel, Geschirr, Elektrogeräte, Klamotten, Spielzeug und Bücher – auf über 1.200 Quadratmetern findet ihr hier allerlei gut erhaltene Secondhand-Sachen.

Alle sorgfältig ausgewählten Teile im täglich wechselnden Sortiment sind Spenden, die zu einem fairen Preis wiederverkauft werden. Wenn ihr im Diakonia Kaufhaus einkauft oder etwas spendet, unterstützt ihr übrigens nicht nur die Umwelt, sondern auch ein tolles Projekt: Die Diakonia beschäftigt in ihren Läden Langzeitarbeitslose und Menschen in schwierigen Lebenslagen und bietet diesen damit eine berufliche Perspektive.

⊚ diakonia_muenchen
www.diakonia-kaufhaus.de

Tipp
Nach dem Stöbern noch auf Cappuccino und Croissants im hauseigenen Café vorbeischauen!

105

Halle 2

# Von 50er-Jahre-Lampe bis Gartenzwerg

Pasing
Peter-Anders-Straße 15, 81245 München

One person's trash is another person's treasure: Wer richtig krasse Schnapper abstauben möchte, sollte den Weg nach Pasing zur Halle 2 auf sich nehmen. Unfassbar, was Münchner*innen alles wegwerfen! Die Teile im Gebrauchtwarenkaufhaus der Stadt kommen von den Münchner Wertstoffhöfen und sind so gut erhalten, dass sie noch bestens weiterverwendet werden können.

Fahrräder, Porzellan, Staubsauger, Koffer, Bilderrahmen, Gameboys, Sonnenschirme, Polstersofas, Blumentöpfe – hier gibt's wirklich alles. Jeden Samstag ab 11 Uhr werden wertvollere Stücke von Saxofonen über antike Mundharmonikas bis hin zu Rasenmähern höchstbietend versteigert.

www.awm-muenchen.de/abfallvermeidung/halle-2

Kommbar

## Vintage-Designermöbel und Antiquitäten ergattern

**Fürstenfeldbruck**
Buchenauer Straße 39, 82256 Fürstenfeldbruck

In der Kommbar in Fürstenfeldbruck findet ihr eine große Auswahl an Secondhand-Möbeln und Antiquitäten. Nicht alle Teile sind was für den kleinen Geldbeutel, dafür gibt's hier aber echte Sammlerstücke und Goldschätze zu ergattern. Wer ein Faible für Vintage-Designermöbel, antike Wohnaccessoires, Apothekerschränkchen und Perserteppiche hat, wird in der Kommbar sein Glück finden. Praktisch: Auf der Website könnt ihr euch einen Überblick über die aktuell angebotenen Gegenstände verschaffen. Dann sollte man aber schleunigst hingehen, die Teile sind begehrt. Vor Ort rumstöbern ist außerdem eh viel schöner.

🄶 kommbar
www.kommbar.com

Kunst Oase

# Tausend Kronleuchter und viele Schätze im Schwabinger Hinterhof

Schwabing
Hohenzollernstraße 58, 80801 München

Es ist gut möglich, dass der Antiquitätenladen im Keller eines Schwabinger Hinterhofs der skurrilste Ort Münchens ist. Manchmal können wir gar nicht glauben, dass die Kunst Oase überhaupt existiert – dabei gibt es sie seit 1984! Hier ist von der Decke bis zum Boden alles vollgestopft mit Porzellan, antiken Dekoartikeln, Vintage-Bilderrahmen, Spiegeln, Silberbesteck, Kommoden und Lampen.

Getoppt wird das ganze nur noch von den Tausenden Kronleuchtern, die von der Decke hängen. Überall blitzt und blinkt es und man weiß gar nicht, wo man zuerst hinschauen soll. Im Hintergrund tröpfelt klassische Musik oder eine italienische Oper aus den Boxen und den herrlich eigenen Verkäufer muss man im Gewirr des Ladens erstmal ausfindig machen.

www.kunstoase-schwabing.de

Miramu

## Lieblingsteile und besondere Einzelstücke

Giesing
Gietlstraße 21, 81541 München

Wer ausgefallene Vintage- und Secondhand-Teile sucht, sollte einen Abstecher nach Obergiesing machen. Seit 2019 verkauft Besitzerin Latisha hier besondere Klamotten, die sie liebevoll zusammensammelt. Neben Secondhand-Sachen von Designermarken gibt's echte Vintage-Teile und maßgeschneiderte Einzelstücke. Dazwischen findet ihr eine kleine Auswahl hochwertiger Schuhe, Taschen und Accessoires.

Jede Woche wird neue Ware gebracht, weshalb es in dem kleinen und feinen Laden nie langweilig wird. Wer immer noch denkt, dass Nachhaltigkeit beige, unförmige Kleidung bedeutet, muss ins Miramu!

🄯 miramu_vintage
www.mein-miramu.de

Olympiapark-Flohmarkt

## Echte Schnapper machen im Olympiapark

Milbertshofen-Am Hart
Ernst-Curtius-Weg, 80809 München

Flohmarkt ist nicht gleich Flohmarkt. Während viele hippe Märkte vor allem voller Mädelsklamotten sind, findet ihr an der Parkharfe im Olympiapark noch echte Flohmarktware, mit der ihr zum Beispiel euer Zuhause bestücken und aufhübschen könnt. Der Oly-Flohmarkt ist zwar nicht der schönste Flohmarkt Münchens, aber zwischen dem üblichen Ramsch findet sich doch immer der ein oder andere Schnapper.
Jeden Freitag und Samstag wird hier ganzjährig gefeilscht – wenn gerade keine Hofflohmarkt-Saison ist, geht der Flohmarkt im Olympiapark immer!

 Tipp

Danach unbedingt noch bei den Bungalows der Studierenden im Olympischen Dorf vorbeischauen!

Second Hand Spitzbarth

# Designertaschen und Vintage-Dirndl bei Fräulein Spitzbarth

## Maxvorstadt
### Schellingstraße 73, 80799 München

Hinter Second Hand Spitzbarth in der Maxvorstadt verbergen sich zwei wahre Goldstücke. Schon seit 1987 ist der Laden von der herzlichen Besitzerin Marietta eine Institution für hochwertige Secondhand-Frauenmode in München. 2016 hat ihre Tochter Frauke dann direkt nebenan einen zweiten Laden eröffnet, in dem sie unter dem Namen Fräulein Spitzbarth liebevoll ausgewählte Klamotten, Schuhe und Accessoires verkauft.

Neben bekannten Marken gibt es auch immer wieder Einzelstücke von kleinen, feinen Designer*innen. Hier findet man neben einer vintage Birkin Bag von Hermès oder Balenciaga-Sneakern außerdem tolle Vintage-Dirndl zu fairen Preisen.

🄾 spitzbarth_secondhand

 Tipp

Frauke präsentiert ausgewählte neue Teile über Instagram
– wer zuerst kommt, shoppt zuerst!

The Munich Readery

## Englische Secondhand-Bücher finden und Tee trinken

Maxvorstadt
Augustenstraße 104, 80798 München

John und Lisa sind nach München gekommen, um hier den besten englischsprachigen Buchladen Europas zu eröffnen. Wer schon mal in der Augustenstraße durch den Laden am Eck gestöbert hat, wird bestätigen können, dass die beiden hart an ihrem ehrgeizigen Ziel gearbeitet haben.

John, der im legendären Buchladen Barnes & Noble in New York gelernt hat, und seine Frau Lisa haben ein Händchen für ein außergewöhnliches Sortiment und füllen mit ihrem Laden eine besondere Nische. Macht es euch auf einem der gemütlichen Sessel bequem, holt euch ein Tässchen Tee und schmökert schon mal in eure Neuentdeckungen rein!

⌾ themunichreadery
www.readery.de

 Tipp

Die netten Besitzer*innen organisieren übrigens auch regelmäßige Events wie Lesungen, Schreibworkshops und Konzerte.

Vintage Revivals

# Contemporary Secondhand

### Hauptbahnhofviertel
Schützenstraße 7, 80335 München

Dass Secondhand-Mode nicht muffig und altbacken sein muss, ist mittlerweile wahrscheinlich allen klar. Und trotzdem muss man sich in vielen Shops erst durch Berge an ausgewaschenen Shirts wühlen, um den goldenen Vintage-Schatz zu finden. Die Modemuse will euch partout nicht küssen und ihr findet nie schöne Einzelstücke? Dann lasst euch im Vintage Revivals beim Hauptbahnhof helfen! Da landet nämlich nicht einfach alles, was geht, auf den Kleiderständern, sondern ein ausgewähltes Angebot, für das die stilsicheren Mitarbeiter*innen sorgen – hier ist quasi jedes Teil ein Treffer.

Anders als im Edel-Secondhand verkauft Vintage Revivals die getragenen Teile zu echt fairen Preisen und in ganz entspannter Atmosphäre – also auch eine gute Anlaufstelle für Schnäppchenjäger*innen.

vintage.revivals
www.vintagerevivals.de

S
T
I
L

Weißer Rabe

# Elektrogeräte und Retro-Geschirr shoppen und dabei Gutes tun

Westend

Landsberger Straße 146, 80339 München

Der Weiße Rabe ist ein tolles Sozialprojekt, das langzeitarbeitslose Menschen beschäftigt und für den Arbeitsmarkt qualifiziert. Zu den sozialen Betrieben gehören auch zwei Gebrauchtwarenhäuser im Westend und in Obersendling. Neuwertiges, Nützliches, Schönes und Seltenes – im Weißen Raben findet ihr lauter Dinge aus zweiter Hand, die von den Mitarbeiter*innen sorgsam geprüft und aufbereitet werden. Wer für die WG dringend noch Elektrogeräte braucht, sein Zimmer mit Vintage-Möbeln aufwerten will oder Bock auf Retro-Geschirr hat, wird hier fündig.

www.weisser-rabe.de

## 11 SÄTZE, DIE MÜNCHNER*INNEN
## NIEMALS SAGEN WÜRDEN

**1**
LASS UNS DOCH AM KARLSPLATZ TREFFEN!

**2**
GESTERN ABEND HAB' ICH WIEDER RICHTIG VIELE NEUE LEUTE KENNENGELERNT!

**3**
ICH WILL NACH BERLIN.

**4**
ICH WAR GESTERN AUF DEN WIESN.

**5**
MINGA, OIDA!

**6**
WIR KÖNNEN LAUT SEIN, DIE NACHBARN STÖRT DAS NICHT.

**7**
OH, EINE BADEHOSE IM LEDERHOSEN-LOOK, SIEHT EIGENTLICH GANZ COOL AUS.

**8**
GESTERN DIE ÖHLSCHLÄGER-ZWILLINGE GESEHEN, HATTEN LANGE HOSEN AN.

**9**
COOL, DASS DIESES KREATIVE UND SUBKULTURELLE PROJEKT EINEN
UNBEFRISTETEN MIETVERTRAG GEFUNDEN HAT.

**10**
ICH FAND DEN PUMUCKL NOCH NIE LUSTIG.

**11**
ICH KANN DIE ISAR NICHT MEHR SEHEN!

# Erlebnis

ERLEBNIS

# Mit München angeben

Ihr kennt das: Sobald die Sprache auf München kommt, springt sofort der Rechtfertigungsmotor an. Ist doch gar nicht so schlecht hier. Ja mei, die Mieten, aber dafür so grün. Ja, doch, es gibt schon Clubs und hey, die Isar eben!

Vergesst den ganzen Schmarrn, denn es wird Zeit zu eurer München-Liebe zu stehen und erhobenen Hauptes von den Vorzügen der Stadt zu berichten. Lasst das „aber" weg und zeigt euren skeptischen Freunden aus Berlin, Hamburg oder Hintertupfing, wo der Frosch die Locken und München seinen geilen Scheiß hat!

ERLEBNIS

**A–Z**

1 Alte Utting + Zur Gruam
2 Bahnwärter Thiel + Gaststätte Großmarkthalle
3 Caspar Plautz + Kallstadter-Winzer-Standl
4 Fräulein Grüneis + Eisbachwelle
5 Gans am Wasser + Westpark
6 Isarwahn Kiosk + Gans Woanders
7 Le Hygge + Dreimühlenviertel
8 MUCA + Mural
9 Olympiaberg + Import Export
10 Standl 20 + Salon Irkutsk
11 Waldwirtschaft Großhesselohe + Isartour

Alte Utting + Zur Gruam

# Sonne bis zum Schluss auf Münchens schönstem Kutter und danach Absacker und abraven

Sendling
Lagerhausstraße 15 + Thalkirchner Straße 114, 81371 München

Ein Schiff. Auf einer Brücke. Mitten in Sendling. Seit 2018 verbringen wir unschlagbare Tage und Nächte auf dem Ausflugsdampfer und dem dazugehörigen Gelände mit Bars und Foodständen. Hier ist eigentlich immer was los – ob gratis Konzerte im Wäldchen hinter dem Schiff, Workshops im Bugsalon oder wilde Partys im Maschinenraum. Falls das nicht reicht, um den Besuch zu überzeugen, dann drückt ihm einen Spritz in die Hand und setzt euch aufs Oberdeck, auf dem ihr bis zum letzten Sonnenstrahl die Abendsonne genießen könnt. Pflichtprogramm für danach: Auf einen Absacker und ein wildes Tänzchen in der Gruam vorbeischauen!

@alteutting
www.alte-utting.de

Tipp
Wenn nicht normal geöffnet ist, wird auch mal die Apfelschorle im Korb von der Reling abgeseilt.

Bahnwärter Thiel + Gaststätte Großmarkthalle

# Die Nacht durchtanzen und Weißwürste zuzeln

Schlachthofviertel
Tumblingerstraße 29, 80337 + Kochelseestraße 13, 81371 München

Das Bahni ist für uns der coolste Club der Stadt. Im Sommer tanzen wir zu feinstem Techno auf unzähligen Bahnsteig-Open-Airs zwischen U-Bahn-Waggons und Lagerfeuer, im Winter unter kuriosen Lichtinstallationen im Innern der Schiffscontainer. Neben dem Clubbetrieb warten hier außerdem Livemusik, Flohmärkte, Tanzkurse, Lesungen, Open-Air-Kino, Essen aus Sansibar und ein lauschiger Sommerbiergarten.

Wer seinen Freund*innen zeigen will, dass München sehr wohl Großstadt kann, drückt ihnen eine Prosecco Mate in die Hand, setzt sie in eine der schwebenden Gondeln und lässt sie das hedonistische Feuerwerk beobachten. Genug des Tanzvergnügens? Dann könnt ihr eurem Besuch gleich noch ein bisschen München-Kult bei einem traditionell griabigen Weißwurstfrühstück in der Gaststätte Großmarkthalle zeigen, die direkt nebenan liegt.

Ⓘbahnwaerterthiel, Ⓘgaststaette.grossmarkthalle
www.bahnwaerterthiel.de, www.gaststaette-grossmarkthalle.de

Tipp
Auf dem Gelände des Bahnwärter Thiel gibt's auch einen Atelierpark, eine Workshop-Tram und ein Urban-Gardening-Projekt!

Caspar Plautz + Kallstadter-Winzer-Standl

# Die coolste Kartoffel der Stadt trifft das süße Leben bei einem Glaserl Rosé

Altstadt

Viktualienmarkt, 80331 München

Der Viktualienmarkt ist zwar ein Touriklassiker, aber einer, den der München-Besuch nicht verpassen darf. Unter freiem Himmel und im wuseligen Markttreiben fühlt sich München genau richtig an. Das Standl unseres Herzens findet ihr unter der gelb-weiß gestreiften Markise bei Caspar Plautz. Hier zaubern drei charmante Münchner und ihr Team jede Woche tolle Kartoffelgerichte – regional, saisonal und mit viel Liebe und Kreativität zubereitet.

Gestärkt von der Kartoffel der Woche lasst ihr euch einfach nach Lust und Laune durch die Marktstandl treiben. Wer seinem Tag dann noch ein Sahnehäubchen aufsetzen möchte, bestellt sich einen Pfälzer Wein am Standl der Kallstadter Winzer, direkt neben Fisch Witte.

⌾casparplautz

www.casparplautz.de

Tipp

Die Caspar-Plautz-Boys haben übrigens auch ein wunderschönes Kartoffelkochbuch kreiert – das perfekte München-Geschenk!

Fräulein Grüneis + Eisbachwelle

# Erst Surfspektakel, dann Biobier und Eis
# im ehemaligen Toilettenhäuschen

Lehel
Lerchenfeldstraße 1a, 80538 München

Die Eisbachsurfer*innen gehören in München schon zum Stadtbild dazu, niemand wundert sich mehr über Menschen mit Surfboards in der U-Bahn und fast jede*r kennt mindestens eine*n eingefleischten Surfer*in oder hat sich schon mal selbst in die Fluten gestürzt. Bei München-Besucher*innen löst das Spektakel aber regelmäßig Wellen der Begeisterung aus, weshalb ihr auf jeden Fall einen kleinen Stopp an einer der Eisbachwellen einlegen solltet.

Danach könnt ihr euch beim Fräulein Grüneis stärken – einem süßen Café-Kiosk in einem ehemaligen Toilettenhäuschen. Im Sommer gibt's hier Eis, Snacks und Biobier, im Winter lockt der Kiosk mit einem kuscheligen Ofen und selbst gemachtem Glühwein.

@fraeuleingrueneis
www.fraeulein-grueneis.de

Gans am Wasser + Westpark

# Ausgiebig spazieren und mit Spritz unter Lichterketten den Tag begießen

Sendling

Siegenburger Straße 41, 81373 München

Der Westpark ist sozusagen der Englische Garten von Sendling, wobei hier alles ein bisschen entspannter zugeht. Es gibt eine nepalesische Pagode und einen thailändischen Pavillon mit einer Buddha-Statue mitten im See. Funfact: Beim Transport der Pagode nach München wurden in den Hohlräumen der Schnitzwerke 400 Kilo Haschisch geschmuggelt.

    Nach einem Spaziergang solltet ihr unbedingt im Gans am Wasser einkehren – für uns einer der verwunschensten Orte Münchens! Fernab vom Trubel der Stadt könnt ihr mit eurem Besuch hier ganz wunderbar im süßen Bauwagen-Café am Mollseeufer sitzen und Spritz trinken. Dazu gibt's Kaffee, Kuchen, Eis, Burger und die unserer Meinung nach besten Pommes der Stadt. Perfekt, um eurem Nachmittag zwischen Zirkuszelten, Lichterketten und Pflanzengirlanden einen Hauch von Magie zu verpassen.

@gans_am_wasser

www.gansamwasser.de

**Tipp**

Im Winter gibt's hier einen märchenhaften Weihnachtsmarkt und auch ansonsten ein buntes Programm von Yoga über Workshops bis hin zu gratis Konzerten.

Isarwahn Kiosk + Gans Woanders

## Die Füße in der Isar kühlen und Konzerten auf der Baumterrasse im Hexenhaus lauschen

Giesing

Wittelsbacherbrücke + Pilgersheimer Straße 13, 81543 München

Auch wenn man die Münchner Spätis an einer Hand abzählen kann, die Kioskkultur wird hier durchaus zelebriert. Zum Beispiel im Isarwahn Kiosk an der Wittelsbacherbrücke, an dem man in lauen Sommernächten aus dem Gucken und Grüßen kaum mehr rauskommt. Mit Steckerleis und Spezi bewaffnet sind es nur ein paar Meter zum Ufer, wo ihr eurem Besuch mit den Füßen in der Isar vom süßen München-Leben erzählen könnt.

Der Abend ist noch jung und ihr wollt was erleben? Dann ab zum Gans Woanders! Das einzigartige Projekt lockt mit märchenhafter Einrichtung, verwinkelten Baumterrassen, vielfältigem Kulturprogramm und fluffiger (veganer) Holzofenpizza. Wenn ihr alle Winkel in und um das Gebäude erkundet habt, könnt ihr euch ein ruhiges Plätzchen suchen, Liquid Cocaine oder Prosecco Mate schlürfen und einem Livekonzert lauschen.

@gans_woanders

www.ganswoanders.de

Tipp

Hier werden auch immer wieder Workshops und ein buntes Kinderprogramm angeboten!

Le Hygge + Dreimühlenviertel

# Durch das wohl kleinste Viertel Münchens schlendern und Kunst gucken

### Dreimühlenviertel
**Ehrengutstraße 6 + Dreimühlenstraße, 80469 München**

Wer seinen Besucher*innen ein schönes Viertel zeigen, aber nicht ewig laufen möchte, ist im Dreimühlenviertel gut aufgehoben. Das Eck zwischen Schlachthofviertel und Isar ist denkmalgeschützt und das wohl kleinste Viertel Münchens – genau genommen besteht es aus nur vier Straßen. Zwischen Kopfsteinpflaster und Wimpelketten gibt es hier einiges zu entdecken: kleine Läden, Kunsthandwerkstätten und Ateliers, aber auch Boazn, Restaurants und Cafés.

Eine unserer liebsten Anlaufstellen ist das Café Le Hygge: Von außen charmant abgeranzt, innen eine urgemütliche Mischung aus bunt zusammengewürfelten Möbelstücken, freigelegten Wänden und Kuriositäten. Besitzer Sobi lebt für das Alternative, Verdrängte und Freigeistige und möchte einen Zufluchtsort für Münchner Künstler*innen bieten. Aber auch alle anderen fühlen sich hier wohl und können vegan-vegetarische Mittagsgerichte, heiße Schokolade und ein vielfältiges Kulturprogramm genießen.

@cafe_le_hygge

 Tipp
Ein Stück Barcelona gibt's direkt ums Eck im Barna in der Auenstraße.

MUCA + Mural

# Street-Art trifft Sterneküche
# mitten in der Altstadt

Altstadt
Hotterstraße 12, 80331 München

Mitten in der Stadt und doch etwas versteckt: das Museum of Urban and Contemporary Art MUCA. Auf 2.000 Quadratmetern könnt ihr in dem alten Umspannwerk spannende Werke von lokalen und internationalen Street-Art-Künstler*innen wie Swoon anschauen. Kleines Schmankerl, falls ihr eure Besucher*innen beeindrucken wollt: Das MUCA war das erste Street-Art-Museum Deutschlands!

Von Kunst an den Wänden könnt ihr danach direkt zu Kunst auf den Tellern übergehen, die von Joshua und Johannes im Mural nebenan gezaubert wird. 2020 haben die jungen Chefköche ganz frisch ihren ersten Michelin-Stern abgestaubt. Echte Foodnerds werden mit der regionalen Küche auf hohem Niveau ebenso glücklich wie Neulinge. Wer mehr Lust auf Fine Drinking hat, schaut in der Schwesterbar Mural in der Maxvorstadt vorbei.

@mucamunich, @muralrestaurant
www.muca.eu, www.muralrestaurant.de

 Tipp
Wenn das Restaurant nicht öffnen kann, gibt's Mural-Kochboxen
und -Fresspakete für zu Hause.

Olympiaberg + Import Export

# Sonnenuntergang mit Alpenblick gucken und Münchens alternative Musikszene entdecken

Neuhausen

80809 München + Schwere-Reiter-Straße 2h, 80636 München

Wochenendtrips sind leider oft zu kurz, um das schöne Münchner Umland ausgiebig zu erkunden. Die volle Ladung Alpenpanorama (und eine Miniaturwanderung) gibt's aber auch mitten in der Stadt: Vom Olympiaberg aus hat man eine grandiose Aussicht und kann mit Blick auf die Berge die Sonne hinter der Stadt untergehen sehen. Pro-Tipp: Bringt Decke und Rotwein mit, in Sommernächten könnt ihr nämlich unter dem Sternenhimmel Konzerten aus dem Olympia-stadion für umme lauschen!

Vom Olympiapark ist es nur ein Katzensprung bis zum Import Export, einer Münchner Oase für alternative Musikkultur. Ob Konzerte mit Balkanbeats, Psychedelic-Porn-Funk-Partys oder Poetry-Hip-Hop – hier findet ihr alles abseits der ausgetretenen Partypfade! Zudem warten Lesungen, Workshops, Theater, Diskussionsrunden und Open Airs – und das Ganze in einer wunderbar offenen und gleichzeitig heimeligen Atmosphäre, die Unwissende zu dem typischen „Ach, sowas gibt's in München auch?" verleitet.

◎importexportmuc

www.import-export.cc

Tipp

Im Import Export gibt's unter der Woche feinen internationalen Mittagstisch zu fairen Preisen.

Standl 20 + Salon Irkutsk

# Krasser Kaffee und eine Bar, die sich wie die Umarmung einer russischen Oma anfühlt

Schwabing
Elisabethplatz, 80796 + Isabellastraße 4, 80798 München

Geht immer mit München-Besuch: ein Abstecher auf den Elisabeth-markt. Am besten startet ihr am Standl 20, dem Mekka für Kaffeelieb-haber*innen. Hier gibt's fruchtige Sorten aus Äthiopien oder Costa Rica – in Handarbeit geröstet vom lokalen Röster Johannes Bayer. Dazu noch ein zimtiges Franzbrötchen und der Tag gehört euch!

Nach einem ausgiebigen Schwabing-Spaziergang solltet ihr in Idas absolutem Lieblingsort versacken – dem Salon Irkutsk! In der charmanten Eckkneipe gibt es Trinkvergnügen mit einer stabilen Wermutauswahl. Unbedingt probieren: einen der vielen hausinfundier-ten Wodkas! Ein gekonnt gemixter Wermut-Drink, eine deftige Portion Pelmeni und ein kleiner Plausch mit Stammgästen – wer den Salon nicht mag, kann das Herz nicht am rechten Fleck haben.

In Zeiten von Corona versorgen Daniel und sein Team euch per Pelmeni-Express mit russischen Gerichten to go und liefern euch Cocktails mit dem Radl nach Hause!

@standl20, @salon_irkutsk
www.standl20.de, www.salonirkutsk.com

Tipp

Der Elisabethmarkt wird gerade umgebaut. Kaffee, Brot, Käse und Ge-müse könnt ihr auf dem Interimsmarkt nebenan aber weiterhin einkaufen.

Waldwirtschaft Großhesselohe + Isartour

# Entlang der Isar radeln und mit Jazz und Knödeln einkehren

Pullach
Georg-Kalb-Straße 3, 82049 Pullach im Isartal

Die Isar ist und bleibt das Schmuckstück des süßen München-Lebens. Schwingt euch statt einer Sightseeingtour doch lieber mal aufs Fahrrad, packt ein paar Wegbiere ein und radelt entlang der Isar! Vom Friedensengel braucht man immer der Nase nach bis zur Großhesseloher Brücke eine knappe Stunde, wer an der Fraunhoferstraße startet, ist schon nach 30 Minuten am Ziel. Unterwegs könnt ihr an einem Kiosk auf ein Radler halten oder an einer der unzähligen Badestellen Pause machen und euch in der Isar abkühlen.

Und weil zu jedem gescheiten München-Ausflug ein Biergartenbesuch gehört, solltet ihr danach auf jeden Fall noch in der Waldwirtschaft Großhesselohe einkehren. Die WaWi punktet nicht nur mit einem wunderschönen Biergarten und tollen Knödeln, sondern auch mit einer Jazzbühne!

⬚waldwirtschaft_wawi
www.waldwirtschaft.de

# Huch, die Mama kommt

Machen wir uns nichts vor: Mama ist einfach die Beste. Jahrelang hat sie uns das vergammelte Pausenbrot aus dem Rucksack gefischt, betrunken von Partys abgeholt und unsere Teeniedramen tapfer ertragen. Wir rollen im ersten Moment trotzdem mit den Augen, wenn sich der Besuch ankündigt.

Dabei kann so ein Wochenende mit den Eltern richtig entschleunigen, denn statt wilder Boazn-Tour gibt's Frühstück im Omacafé, statt Kater lieber Kunst. Und wann habt ihr zuletzt bei einem Gläschen Wein den neuesten Klatsch mit Mama ausgetauscht?

ERLEBNIS

Café Hüller

# Herrlich unaufgeregt und einfach immer gut

Au
Eduard-Schmid-Straße 8, 81541 München

Wenn wir uns das perfekte Café für den Elternbesuch ausdenken müssten, dann käme das Café Hüller dabei heraus. Weder besonders hip noch besonders schick: Hier ist man zu jeder Tageszeit gut aufgehoben. Die Frühstückskarte ist übersichtlich und ausgesucht und die Gerichte äußerst bezahlbar. Wir empfehlen das griechische Frühstück mit Oliven-Schafskäse-Rührei und hausgemachtem Hummus.

Aber auch am Nachmittag ist das Hüller eine gute Anlaufstelle, da könnt ihr euch mit einem Kuchen bewaffnet mit Mama auf die Sonnenterrasse setzen und ein Tässchen Fausto-Kaffee schlürfen.

www.cafe-hueller.de

Tipp
Am Wochenende unbedingt früh dran sein oder reservieren!

Café Steinchen

## Ganz große Sommergefühle im Bauwagenkulturcafé

Laim
Agnes-Bernauer-Straße 77, 80687 München

Eine charmante Outdoor-Zwischennutzung mitten im bodenständigen Laim, für die sich der Weg ins entfernte Viertel sowas von lohnt. Alexa und Laura reichen euch Kaffee, Kuchen, Wein, Bier und Tapas im Schraubglas aus dem Bauwagen, und ihr macht es euch auf einer der vielen schönen Sitzgelegenheiten bequem. Am Wochenende könnt ihr im Steinchen außerdem mit Weißwurstfrühstück und Schnapserl bayerische Gemütlichkeit par excellence erleben.

Zwischen bunten Graffitis, Containern und schattenspendenden Bäumen kann man es sich hier im Sommer richtig gut gehen lassen und den Eltern mal zeigen, wie gemütlich alternative Zwischennutzungen sein können. Egal, ob zum Frühstück, zum Tapas-Mittagessen oder abends auf Drinks – das Steinchen ist immer eine gute Anlaufstelle!

@steinchen_kulturcafe

www.cafe-steinchen.com

 Tipp
Bei schlechtem Wetter warten Brettspiele und Retro-Sofas im Containersalon!

Glücksmaid

## Sich bei Mama revanchieren und ihr eine Massage ausgeben

Glockenbach
Holzstraße 11, 80469 München

Es ist kein Geheimnis, dass Mamas wahre Supermenschen sind. Höchste Zeit, sich mal dafür zu revanchieren, dass sie uns früher mit Snacks versorgt, quer durch die Stadt gefahren und uns selbst während der Pubertät irgendwie ausgehalten haben. Ladet sie doch einfach mal auf eine Massage ein! Besonders schön geht das bei Jasmina, die in ihrem Glücksmaid-Studio neben Klassikern auch spannende Varianten wie Honig-, Venusmuschel- und Ayurveda-Massagen anbietet. Die tragen dann wohlklingende Namen wie „Den Rücken entzücken", „Fels in der Brandung" oder „Mütterglück".

@gluecksmaid
www.gluecksmaid-muenchen.de

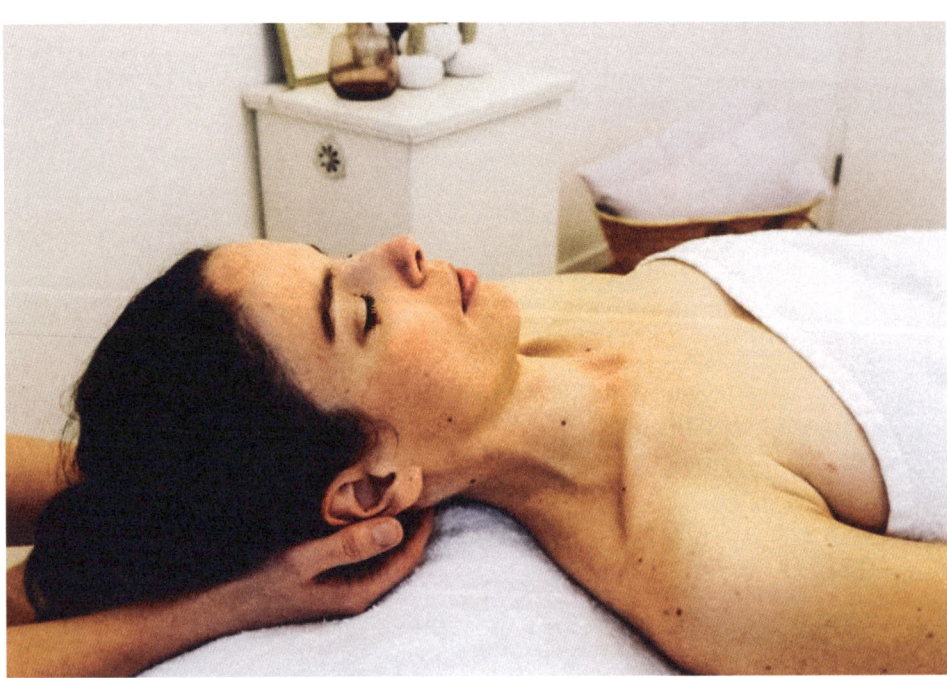

Haus der Kunst

# Zeitgenössische Kunst gucken und gute Drinks schlürfen

Lehel
Prinzregentenstraße 1, 80538 München

Wir nehmen es uns immer wieder fest vor, aber der Vorsatz für den Museumsbesuch verschwindet jedes Jahr aufs Neue im Nebel zwischen Abgabeterminen, WG-Partys und Liebeskummer. Deshalb sind Eltern-besuche ein guter Zeitpunkt, um als alte*r Kunstbanaus*in mal wieder einen Fuß in eine Halle der schönen Künste zu setzen. Zum Beispiel ins Haus der Kunst.

Hier dreht sich alles um zeitgenössische Kunst: Die vielfältigen Ausstellungen treffen genau die richtige Balance zwischen artsy und eingestaubt – perfekt, um für euch und eure Eltern interessant zu sein. Die Museen haben geschlossen? Das Haus der Kunst bietet auch span-nende digitale Führungen an!

@haus_der_kunst

www.hausderkunst.de

 Tipp

Danach auf jeden Fall noch auf einen Drink in der Goldenen Bar und an der Eisbachwelle vorbeischauen!

Herr & Frau Rio

## Mal wieder was mit Mama erleben beim Risografieworkshop

Ludwigsvorstadt
Häberlstraße 24, 80337 München

Wer sagt eigentlich, dass man bei Elternbesuchen nur Kaffee trinken, essen und spazieren gehen kann? Wenn ihr Lust habt, mal wieder was mit eurer Mama zu erleben, legen wir euch die Risografieworkshops von Herr & Frau Rio ans Herz!

Im ersten Risografiestudio Münchens zeigen euch Laura Sirch und Sascha Wellm, was es mit dem besonderen und umweltschonenden Druckverfahren auf sich hat. In den Workshops gibt es immer einen anderen Fokus, von Postkarten bis Geschenkpapier. Das Schöne: Auch absolute Anfänger*innen können hier tolle Unikate fabrizieren.

⌾herrundfraurio
www.herrundfraurio.de

Hey Luigi

## Die beste Carbonara der Stadt bestellen

Glockenbach
Holzstraße 29, 80469 München

Wie Oma schon sagte: Eine stabile Portion Pasta ist der Shit! Oder so ähnlich. Pastadealer unseres Vertrauens ist auf jeden Fall das Hey Luigi, denn hier gibt's obendrauf auch noch krasse Vorspeisen, eine nette Terrasse und den besten Vorbeuger fürs Foodkoma: eine Apotheke – so heißt der Hausschnaps, der noch alles geheilt hat.

Wir empfehlen euch auf jeden Fall mit den berühmt-berüchtigten Meatballs und der Burrata anzufangen, mit der cremigsten Carbonara weiterzumachen und euch zum Dessert einen italienischen Nusskuchen mit Frangelico zu gönnen. Mehr Dolce Vita geht nicht!

@hey_luigi_munich
www.heyluigi.de

**Tipp**
Mittags gibt's hier gute Pastadeals und wechselnde Tagesgerichte!

E R L E B N I S

141

Hohenzollernstraße

# Durch kleine Boutiquen bummeln und Pistazieneis schlecken

Schwabing
Hohenzollernstraße, 80801 München

Mama will shoppen, ihr habt aber gar keinen Bock auf den Hustle in der Kaufingerstraße? Dann seid ihr in Schwabing gut aufgehoben! Die Hohenzollernstraße ist mit kleinen Läden und Boutiquen nämlich das angenehme Pendant zur vollen Fußgängerzone.

Von nachhaltiger Kleidung über skandinavische Wohnaccessoires bis hin zu antiken Möbeln gibt es hier etwas für jeden Geschmack. Flaniert herum, schaut euch die wunderschönen, pastellfarbenen Häuschen an, und wenn ihr eine Pause braucht, blättert ihr ein wenig durch Magazine im Café Reed oder trinkt einen frisch gepressten Saft im Tagescafé.

Tipp

Im Sommer unbedingt einen Stopp in der Eisdiele Lorenzo Corno einlegen – die Sorten Pistazie und Schwarzer Sesam sind einfach zum Niederknien!

Kleinhesseloher See

## Tretboot fahren und biergarteln am Kleinhesseloher See

Schwabing

80802 München

Das Gute an Elternbesuchen ist, dass man endlich all die Sachen machen kann, die einem allein dann doch irgendwie zu peinlich sind. Zum Beispiel Tretboot fahren! Packt euch ein Picknick ein, schnappt eure Eltern und ab zum Kleinhesseloher See.

Hier könnt ihr nach ein bisschen Tourisightseeing durch den Englischen Garten direkt am Ufer ein Boot ausleihen und gemeinsam mit den Enten gemächlich über den kleinen See schippern. Und wenn ihr nach der kleinen Kreuzfahrt hungrig seid, könnt ihr gemütlich im Biergarten am Chinesischen Turm einkehren und Brotzeit futtern.

Nia Bazar

## Gemeinsam die Wohnung verschönern und Pflanzen shoppen

**Maxvorstadt**
**Türkenstraße 48, 80799 München**

Eure Eltern haben beim Anblick eurer kahlen Bude die Nase gerümpft? Dann entführt sie doch völlig uneigennützig in die Türkenstraße – genauer gesagt in den wunderschönen Nia Bazar. Alle Teile sind von der Besitzerin persönlich ausgesucht und so viel Liebe zum Detail zahlt sich aus!

    Am liebsten würden wir alles, was es hier für die eigenen vier Wände gibt, mit nach Hause nehmen – sei es das skandinavische Geschirr, die indischen Tischsets oder der marokkanische Teppich. Daneben gibt es eine kleine, aber feine Schuhauswahl, Taschen sowie den Tiny Garden mit Sukkulenten, Kakteen und frischen Kräutern.

@nia.carrousel
www.nia-bazar.de

Residenztheater

# Ein bisserl Hochkultur
# geht immer

Altstadt
Max-Joseph-Platz 1, 80539 München

Gönnt euch ein bisschen Hochkultur und nutzt die Zeit mit euren Eltern, um dem Residenztheater einen Besuch abzustatten. Eure Eltern freuen sich und eurer Kulturbildung schadet es sicher auch nicht. Das Resi ist eines der traditionsreichsten und größten Sprechtheater im deutschsprachigen Raum.

Trotz Tradition und einschüchternder Lage neben der Bayerischen Staatsoper geht es hier weniger schick und steif zu, als man vermuten würde. Die Inszenierungen sind spannend, vielfältig und zeitgemäß – und trotzdem klassisch genug, um auch euren Eltern zu gefallen. Selbst während Corona müsst ihr nicht auf den gemeinsamen Theaterbesuch verzichten: Unter dem Namen Resi sendet hat das Theater ein vielfältiges Onlineprogramm von Podcast über Stream bis hin zu Zoom-Aufführung auf die Beine gestellt!

@residenztheater
www.residenztheater.de

Tipp
In der Pause gibt's ein Glaserl Champagner mit Blick auf den Max-Joseph-Platz – Hochkultur ist schließlich nur einmal im Jahr!

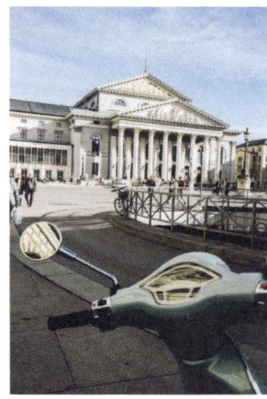

Weinheim

## Schick, aber saugemütlich

### Schwabing

Bauerstraße 2, 80796 München

Wenn ihr euren Eltern zeigen wollt, wie erwachsen und stilvoll ihr sein könnt, solltet ihr sie zum Essen ins Weinheim ausführen. Die charmanten Besitzer Andreas und Helmut kredenzen hier neben einer großen Auswahl an tollen Weinen richtig gutes Essen in hoher Qualität – und das alles sehr sympathisch, unkompliziert und trotzdem in schöner Atmosphäre.

Von Kartoffelknödel bis Käsefondue gibt's im Weinheim Soulfood zum Sattwerden, alles mit viel Liebe hausgemacht. Und zur Not gibt es auch auf jeden Fall genug Wein, um unangenehme Gespräche über Zukunftsplanung und Enkelkinder darin zu ertränken.

@dasweinheim

www.dasweinheim.de

 Tipp

Davor könnt ihr ein bisschen durch Schwabing schlendern, hier gibt's viele nette kleine Läden, tolle Häuser und Cafés.

# Aussicht gut, alles gut

Es gibt Tage, da wollen wir einfach sein. Wir wollen irgendwo hingehen, Hauptsache raus. Hauptsache nichts organisieren müssen, nichts bestellen müssen, uns nicht ordentlich anziehen müssen – einfach mal gar nichts müssen. Nur in der Wiese liegen, uns barfuß von Grashalmen kitzeln lassen und vielleicht eine schöne Aussicht bewundern.

Zum Glück gibt es in München ganz viele dieser Orte, an denen man herrlich abhängen, lesen, Backgammon spielen, Bierchen trinken oder einfach mal den Wolken beim Vorbeiziehen zusehen kann. Alles kann, nichts muss!

ERLEBNIS

### 1 BAVARIA

Zur Wiesn ist sie die Bewacherin des Kotz-hügels, ansonsten ist die Statue der weltlichen Patronin Bayerns der perfekte Ort, um den abendlichen Ausblick zu genießen. Für den ganz besonderen Weitblick kann man auch die Wendeltreppe im Innern der Statue hinauf-steigen und München durch die Augen der Bavaria betrachten.

### 2 BRAUNAUER EISENBAHNBRÜCKE

Während sich an den anderen Brücken ganz München tummelt, verweilt außer bei unserem *Mit Vergnügen*-Picknick selten jemand unter der urban-romantischen Eisenbahnbrücke. Dabei kann man hier herrlich Steckerleis vom Kiosk nebenan schlecken und dem Isar- und Zugrauschen lauschen.

### 3 FRIEDENSENGEL

Beine baumeln lassen und die prächtige Aussicht über die Prinzregentenstraße genießen, hinter der am Horizont golden die Sonne verschwindet. Ein Klassiker, der auch den letzten Grantler dazu bringt, sich in München zu verlieben!

150

### 4 FRÖTTMANINGER BERG

Früher eine Mülldeponie, jetzt ein Naherholungsgebiet mit einem 75 Meter hohen Hügel, von dem aus man einen tollen Ausblick genießen kann. Lasst die Allianz Arena links liegen und gönnt euch das volle Alpenpanorama!

### 5 HACKERBRÜCKE

Bei gutem Wetter sitzt die ganze Stadt auf den Stahlbalken und genießt mit Abendsonne im Gesicht und in der Sommerluft baumelnden Beinen das Fernweh beim Blick auf die Züge. Hier fühlt sich München mehr nach Großstadt an als überall sonst!

1   **Bavaria** Theresienhöhe 16, Ludwigsvorstadt

2   **Braunauer Eisenbahnbrücke** Ludwigsvorstadt

3   **Friedensengel** Prinzregentenstraße, Bogenhausen

4   **Fröttmaninger Berg** Schwabing-Freimann

5   **Hackerbrücke** Arnulfstraße 21, Maxvorstadt

**6 LUITPOLDBERG**

Klein, aber oho: Trotz seiner nur 37 Meter gibt's eine super Aussicht auf Stadt und Berge. Der ganze Luitpoldpark ist mehr als unterschätzt, hier lässt es sich absolut entspannt auf leeren Wiesen verweilen.

**7 MAXIMILIANSANLAGEN**

Noch mehr Ruhe gibt's direkt am Flussufer. In den grünen Anlagen verstecken sich kleine Bäche, lauschige Picknickplätze und im Winter super Rodelhügel!

**8 ROSENGARTEN**

Zwischen Kolumbusplatz und Flaucher kann man hier inmitten farbenfroher Rosenbüsche wandeln und unter blühenden Apfelbäumen ein Mittagsschläfchen machen.

### 9 SCHMEDERERSTEG

Auf der kleinen Brücke am Nockherberg lässt es sich nicht nur in Sommernächten hervorragend sitzen, Sonnenuntergänge gucken, von weiten Zugfahrten träumen und unentdeckt knutschen.

### 10 SCHWABINGER DOM

Wir lieben die kleine Schwabinger Oase an der Kirche St. Ursula! Hier treffen sich alle Sonnenanbeter*innen nach Feierabend, um sich die letzten Strahlen des Tages auf die Nase scheinen zu lassen.

### 11 STEMMERWIESE

Landidylle mitten in Sendling gibt's auf der Blumenwiese, die direkt hinter dem Stemmerhof (einem ehemaligen Bauernhof) liegt. Hier kann man Frisbee spielen, Kuchen aus dem angrenzenden Café futtern und zwischen Pusteblumen auf der Wiese liegen.

ERLEBNIS

Arm, aber sexy

Klar, in München sind alle reich und in Berlin sind alle DJs. Und klar, wer kennt den Struggle nicht, wenn gegen Monatsende das Cash knapp wird, weil man alles für Schampus und schnelle Karren ausgegeben und den Rest verprasst hat.

Dass das Vergnügen nur proportional zum Kontostand steigt, ist allerdings ein Irrglaube. Gratis Konzerte, kostenlose Kunstausstellungen, Theater for free – ob ihr's glaubt oder nicht: München kann auch „arm, aber sexy".

ERLEBNIS

**A–Z**
1 Arena Kino
2 Deutsches Museum
3 Gasteig
4 Glockenbachwerkstatt
5 Hofgarten
6 Idas Milchladen
7 Königsplatz
8 Lothringer 13
9 Luitpoldpark
10 Münchner Sommertheater
11 Ökoesel

Arena Kino

## Independent-Filme und Originalfassungen für wenig Geld gucken

Glockenbach
Hans-Sachs-Straße 7, 80469 München

Das Arena Filmtheater hat viele schöne Eigenschaften: Es ist klein, gemütlich und mit viel Liebe über Jahrzehnte hinweg erhalten worden. Seit 1912 kann man hier an 364 Tagen im Jahr Erstaufführungen und viele Independent-Filme im Original ansehen. Besonderes Zuckerl dabei: Das Arena Kino zeigt keine Werbung! Ganz in original queerer Glockenbach-Manier gibt's jeden zweiten Mittwoch im Monat eine Queerfilmnacht. Dienstags ist im Arena übrigens Kinotag, da kosten die Vorstellungen nur 7 Euro!

@arena.kino
www.arena-kino.de

 Tipp

Auch das Studio Isabella, das Museum Lichtspiele und das Cadillac & Veranda haben Kinotage mit vergünstigten Preisen.

Deutsches Museum

# Sterne gucken für lau in der Sternwarte

Au
Museumsinsel 1, 80538 München

Einen kleinen Ausflug in ferne Galaxien gefällig? Das geht in der Sternwarte des Deutschen Museums. Jeden Dienstag und Freitag bietet die Beobachtergruppe der Sternwarte kostenlose Abendführungen an. Bei klarem Himmel könnt ihr mit einem Blick durch die Fernrohre die Kraterlandschaften auf dem Mond, die Ringe des Saturn und die Milchstraße beobachten. Übrigens auch ein superromantischer Date-Ort!

@sternwarte_deutsches_museum
www.beobachtergruppe.de

Tipp
Ob die Sicht gut genug ist und die Führung stattfindet,
erfahrt ihr zwei Stunden vor Beginn auf der Website.

ERLEBNIS

Gasteig

## Hochkultur für umme bei der Generalprobe der Münchner Philharmoniker

Sendling
Hans-Preißinger-Straße 8, 81379 München

Ihr seid knapp bei Kasse, wollt aber auf ein bisschen Hochkultur nicht verzichten? Dann gönnt euch Klassik im Gasteig! Sechsmal pro Konzertsaison werden die Generalproben der Münchner Philharmoniker geöffnet und ihr könnt live dabei sein, wenn das Sinfonieorchester seinem Programm den letzten Schliff verleiht. Für Schüler*innen, Studierende bis einschließlich 28, Arbeitslose und Sozialhilfeempfänger*innen ist der Eintritt komplett kostenlos, alle anderen zahlen mit 10,40 Euro einen echt fairen Preis.

Während das Gebäude an der Rosenheimer Straße in den nächsten Jahren saniert wird, findet ihr die Münchner Philharmoniker im Gasteig-Interimsquartier in Sendling.

@gasteig_muenchen
www.gasteig.de

 Tipp

Noch mehr kostenlose Konzerte gibt's im Cucurucu, Unter Deck und auf der Alten Utting!

Glockenbachwerkstatt

# Kontrastreiches Kulturprogramm abseits vom Mainstream

Glockenbach
Blumenstraße 7, 80331 München

Wir sind große Fans der Glockenbachwerkstatt. In dem Bürgerhaus mit seinen vielfältigen Projekten steckt jede Menge Engagement und noch mehr Liebe. Hier wird ein buntes und kontrastreiches Kulturprogramm mit Konzerten, Festen, Lesungen, Workshops und vielen weiteren Events organisiert. Von Folk-Jam-Sessions, bei der irische auf arabische Musik trifft, bis zur Party für Punkrockliebhaber*innen ist alles dabei.

In der Glockenbachwerkstatt ist jede*r willkommen. Viele der Veranstaltungen haben freien Eintritt, ansonsten gilt das Prinzip „pay as much as you can". Neben Veranstaltungsräumen, Werkstätten und dem Café Stadtteiltreff gehören ein sehr gemütlicher Biergarten und ein Bolzplatz zum Bürgerhaus in der Blumenstraße.

@glockenbachwerkstatt
www.glockenbachwerkstatt.de

Hofgarten

# Eine ruhige Boule-Kugel schieben

Altstadt
Hofgartenstraße 1, 80538 München

Der Hofgarten ist ein kleines Stückchen Urlaub mitten in der Stadt. Wenn man es geschafft hat, den überfüllten Odeonsplatz zu queren und den imposanten Torbogen zu durchschreiten, steht der Erholung nichts mehr im Wege. Das perfekte Umsonst-Vergnügen ist bei schönem Wetter auf jeden Fall eine Runde Boule im Hofgarten.

Neben den alten Hasen, die gefühlt jeden Tag die Kugeln über den Kies werfen, findet sich immer noch ein Plätzchen. Alles, was ihr braucht, sind Boule-Kugeln. Aber das ist wirklich mal eine Anschaffung, die sich lohnt!

Idas Milchladen

# Faire Preise und die besten Fleischpflanzerl der Stadt

Altstadt
Kreuzstraße 23, 80331 München

Schon von außen macht der kleine Laden mit weißer Fassade und blauen Fensterläden einen heimeligen Eindruck. Drinnen sticht einem sofort die Vitrine mit den hausgemachten Salaten ins Auge. Und die ist nichts für Entscheidungsschwache: Da gibt es Klassisches mit Kartoffel, Karotte oder Kraut, aber auch Linsen, Bulgur und Algen werden von der herzensguten Besitzerin Ida zu köstlichen Salaten verarbeitet.

Die kleine warme Karte wechselt täglich, doch was es immer gibt sind die besten Fleischpflanzerl weit und breit – sorry, Oma! Wer nicht so auf Fleisch steht, ist mit den Grünkern-Gemüse-Pflanzerln aber auch bestens versorgt.

⊙idasmilchladen
www.idasmilchladen.de

 Tipp
Die Preise sind mehr als fair und ab 15.30 Uhr gibt's einen großzügigen Rabatt auf viele der Speisen!

# Ein flottes Tangotänzchen hinlegen

### Maxvorstadt
#### Königsplatz 1, 80333 München

Wer mal an einem lauen Sommerabend am Königsplatz gesessen hat, hat sicher auch schon mal die tanzenden Pärchen an der Staatlichen Antikensammlung bewundert. Hier lädt der Tangofan Levent Göksu an schönen Abenden zum spontanen Tänzchen! Dabei ist es egal, ob ihr blutige Anfänger*innen oder begnadete Tanzmäuse seid – jede*r darf das Tanzbein schwingen.

Musik, Lautsprecher, Pflaster und Tanztipps gibt's von Levent. Wer noch nicht genug hat, kann auch im Hofgarten im Dianatempel tanzen, und wer es traditioneller mag, nimmt an einem der kostenlosen Tanzkurse vor dem Kocherlball teil!

www.tango-am-koenigsplatz.de

ERLEBNIS

Lothringer 13

# Junge Kunst für umsonst in kleinen Galerien entdecken

Haidhausen
Lothringer Straße 13, 81667 München

München hat viele große Häuser, in denen man Kunst von Weltruhm bewundern kann. Wenn man aber mal genauer hinschaut, dann gibt es auch viele kleine Galerien, in denen zwar nicht die Warhols, Kandinskys und Klees dieser Welt hängen, die aber vielversprechende junge Kunst bieten – und das auch noch for free.

Ein richtig gutes Beispiel dafür ist das Lothringer 13 in Haidhausen: In einer alten Fabrikhalle präsentieren hier junge und experimentierfreudige Künstler*innen ihre Werke. Der Go-to-Place für Gegenwartskunst beherbergt noch dazu ein tolles, kleines Café samt Buchladen!

@lothringer13
www.lothringer13.de

Tipp

Auch im Farbenladen beim Feierwerk gibt es ständig spannende Ausstellungen und ein Abstecher ins Köşk im Westend lohnt sich sowieso immer!

ERLEBNIS

Luitpoldpark

# Gratis sporteln in Münchner Parks

Schwabing
Brunnerstraße 2, 80804 München

Und, wer von euch hat schon mal einen Vertrag im Fitnessstudio abgeschlossen und war nie da? Alles klar, in Zukunft könnt ihr euch die Kohle sparen, denn München hat jede Menge kostenlose Sportangebote zu bieten. Das größte Programm findet ihr bei Fit im Park – bei Yoga, Fitness, Zumba, Qigong oder Volleyball ist für jede*n etwas dabei.
Ein weiterer Favorit: Lederhosentraining mit Klaus. Jeden Montag um 19 Uhr gibt's ein Workout für alle Fitnesslevels auf der Wiese am Japanischen Teehaus im Englischen Garten.

www.muenchen.de/freizeit/sport/gymnastik-im-park

 Tipp

Fit im Park wird unter anderem im Luitpoldpark, Westpark, Riemer Park und Ostpark angeboten.

Münchner Sommertheater

# Ein Sommernachtstraum im Freilufttheater

### Schwabing
Englischer Garten, 80805 München

Wenn man in einer lauen Sommernacht auf einer Picknickdecke unter dem Sternenhimmel sitzt und eine Freiluftinszenierung anschaut, dann ist das etwas ganz besonderes. Seit 1990 inszeniert und organisiert Ulrike Dissmann im Amphitheater im Englischen Garten das Münchner Sommertheater und verzaubert damit Jahr für Jahr aufs Neue ihre Zuschauer*innen. Aufgeführt werden klassische Komödien, von Shakespeare bis Molière. Die Atmosphäre ist dabei superlocker und Welten entfernt von verstaubten und steifen Theaterinszenierungen. Der Eintritt ist kostenlos, bei schlechtem Wetter werden die Stücke in die Mohr-Villa verlegt.

www.muenchner-sommertheater.de

Tipp
Für maximales Schauspielvergnügen solltet ihr früh kommen und euch einen Platz sichern.

Ökoesel

# Günstige Biolebensmittel in Münchens erstem Mitgliederladen

Neuhausen
Helene-Weber-Allee 17, 80637 München

Eigentlich würden wir gerne jeden Einkauf mit einem Weidenkörbchen unterm Arm auf einem Markt machen, wenn das nur nicht so fürchterlich für unseren Kontostand wäre. Geht euch ähnlich? Dann checkt mal den Ökoesel ab! Das tolle Projekt hat sich vorgenommen, Biolebensmittel erschwinglich für alle zu machen.

Das solidarische Mitgliedschaftskonzept, bei dem jedes Mitglied monatlich 18,50 Euro bezahlt, ermöglicht es dem Ökoesel-Team, seine Biolebensmittel fast zum Einkaufspreis anzubieten. Ein toller Tipp, wenn ihr Geld sparen und trotzdem sozial, ökologisch und regional einkaufen und essen möchtet!

@oekoesel
www.oekoesel.de

ERLEBNIS

# Schlechtes Wetter, gute Laune

Ja, Freund*innen, München ist von der Sonne geküsst. Immerhin bringen wir es auf gute 2.000 Sonnenstunden im Jahr. Kein Wunder, dass wir bei Regenwetter erst mal ratlos sind. Da wollen wir uns dann am liebsten daheim verkriechen – immerhin muss sich die Miete ja auch mal lohnen.

Jetzt ist es aber so, dass man anderswo genauso gut drinnen sein kann. In gemütlichen Cafés, zwischen exotischen Palmen, im Theater oder im schönsten Schwimmbad der Stadt lässt sich die Zeit zwischen den Sonnenstunden ebenfalls ganz gut verbringen.

ERLEBNIS

**A–Z**
1  19er-Tram
2  AirHop Trampolinpark
3  Berg & Mental
4  Botanischer Garten
5  Café Jasmin
6  Einstein Boulderhalle
7  Hamam Anatolia
8  Johannis Café
9  Müller'sches Volksbad
10  Münchner Kammerspiele
11  Valentin-Karlstadt-Musäum

19er-Tram

## Bei einer Stadtrundfahrt mit der Tram grandiose Gebäude und wichtige Orte sehen

Altstadt
Maximilianstraße 2, 80539 München

Ihr wollt eurem Besuch oder euch selbst München zeigen, draußen ist aber nasskaltes Nieselwetter? Dann packt die Gummistiefel aus und hüpft in die 19er-Tram! Justizpalast, Bayerische Staatsoper, Maximilianeum – von Pasing bis nach Berg am Laim ist die Linie die perfekte Alternative zur teuren Touritour.

In der Tram sitzt es sich eh viel schöner, die Fahrt ist günstiger und es gibt keine nervigen Durchsagen in vier verschiedenen Sprachen. Nehmt euch Spezi und ein paar Brezen mit und schlagt dem Regen bei Münchens entspanntester Stadtrundfahrt ein Schnippchen!

Tipp

Wer sich die besten Plätze (ganz hinten) schnappen möchte,

sollte an einer der Endhaltestellen einsteigen.

AirHop Trampolinpark

# Ganz großes Hopsvergnügen

Schwabing-Freimann
Ingolstädter Straße 172, 80939 München

„Jump around! Jump around!" Dazu hat uns die Rapband House of Pain schon in den 90ern animiert, als wir noch auf klapprigen Gartentrampolinen rumgehopst sind. Wer dieser Aufforderung ein paar Jahre später endlich mal gebührend nachkommen will, muss in den Münchner Norden fahren. Hier warten im AirHop Trampolinpark nämlich über 3.400 Quadratmeter Hopsvergnügen auf euch!

Neben 70 Trampolinen könnt ihr euch auf dem Dodgeball-Feld, den SlamDunk-Bahnen, in einer Schaumstoffgrube und Takeshi's Castle-Style in der WipeOut-Arena austoben. Lasst Schlechtwetterlaune und Alltag links liegen und hüpft euch jeglichen Frust von der Seele!

@airhop_muc
www.airhop-muenchen.de

ERLEBNIS

171

Berg & Mental

## Kuchen futtern und Workshops besuchen in Deutschlands erstem Mental-Health-Café

Glockenbach
Thalkirchner Straße 62, 80337 München

Das Berg & Mental ist mehr als nur ein gemütlicher Ort zum Kaffee-trinken, denn die Betreiber*innen möchten mit ihrem Laden mehr Bewusstsein für psychische Gesundheit schaffen. Dazu gibt es leckere Snacks, Frittata Sandwiches und selbst gebackene Kuchen – alles bio, regional und mit viel Liebe zubereitet.

In einem Teil des urigen Cafés findet ihr eine Ladenecke mit Kaf-fee, Postkarten und Büchern. Außerdem finden hier viele spannende Events zum Thema Mental Health statt. Egal, wie ihr euch fühlt, nach einem Besuch im wunderbaren Berg & Mental geht es euch garantiert noch besser!

@bergundmental
www.bergundmental.de

Botanischer Garten

## Zwischen tropischen Pflanzen und Kakteen knutschen

Nymphenburg
Menzinger Straße 65, 80638 München

Einer der wirklich perfektesten Orte, um dem Regengrau zu entkommen, ist der Botanische Garten. Verlasst also endlich mal euer Viertel und pilgert gen Nymphenburg. Dank der großen Auswahl tropischer Pflanzen und Kakteen stellt sich binnen Sekunden Karibikurlaubsfeeling ein. Jacke aus, Sonnenbrille auf und rein in den Dschungel.

Auf einer Gesamtfläche von rund 21 Hektar könnt ihr hier rund 16.000 Pflanzensorten bestaunen. Übrigens auch ein super Date-Ort! Irgendwo findet sich immer ein ruhiges Plätzchen, um das schlechte Wetter wegzuknutschen.

www.botmuc.org

Café Jasmin

# Heiße Schokolade mit Schuss und Trüffeltorte genießen wie bei Oma

Maxvorstadt
Steinheilstraße 20, 80333 München

Wenn wir mal betagte Damen sind, dann möchten wir so sein wie das Café Jasmin. Dem Alter entsprechend stilsicher gekleidet und für jede*n Besucher*in einen gemütlichen Sessel, ein Stück Trüffeltorte und eine heiße Schokolade mit Schuss parat. Die urgemütliche Einrichtung aus mintgrünen Samtbezügen, Metallgarderoben, goldenen Lüstern und Fototapete stammt aus den 50er-Jahren und steht mittlerweile sogar unter Denkmalschutz. So kann sich das Jasmin das heimelige Gefühl bewahren und bei schlechtem Wetter gibt es eh nichts Schöneres als in den weichen Polstern zu versinken und aus dem Fenster zu schauen.

@cafejasmin_munich
www.cafe-jasmin.com
Tipp
Hier gibt es auch eine super Frühstücksauswahl
mit vielen veganen Optionen.

Einstein Boulderhalle

# Hoch die Wände, Wochenende: sich beim Bouldern richtig auspowern

Laim
Landsberger Straße 185, 80687 München

In den letzten Jahren schießen in München nicht nur Boulderbegeisterte, sondern auch Boulderhallen, wie Pilze aus dem Boden. Ein bisschen gemütlicher als in den High-End-Boulderpalästen der Stadt geht es in der Einstein Boulderhalle zu. Auf der Landsberger Straße zwischen Donnersbergerbrücke und Hirschgarten versteckt sich die kleine Boulderoase. Hier kraxelt ihr auf zwei Stockwerken in gemütlicher Atmosphäre. Dabei gibt es Routen für jede Könnensstufe.

Auch wenn die Halle eine überschaubare Größe hat, kann man sich prächtig austoben und dank des kleinen Cafés eigentlich den ganzen Tag abhängen – sofern die Fingerkraft es zulässt.

@einstein.boulderhalle.muc
www.muenchen.einstein-boulder.com

Tipp
Vormittags unter der Woche ist meist weniger los!

Hamam Anatolia

## Sämtliche Alltagssorgen zwischen wärmendem Dampf und Türkischem Tee vergessen

Giesing

Wirtstraße 1b, 81539 München

Zwischen Dampfbad, Biosauna und Türkischem Tee könnt ihr euch hier mal wieder so richtig von innen und außen aufwärmen. In ein traditionelles Leinentuch gehüllt geht's zuerst zum Peeling in die Dampfecke. Danach weiter an eines der Marmorbecken, an dem ihr euch warmes Wasser aus Kupferschalen über den Körper gießt, um euch anschließend auf dem beheizten Nabelstein auszubreiten.

Während die Wärme die Muskeln lockert, werden sämtliche Alltagssorgen unter wohlriechenden ätherischen Ölen vergraben. Wer danach nicht tiefenentspannt ist, sollte sich wirklich mal Gedanken über sein Stresslevel machen!

@hamam_anatolia

www.hamamanatolia.de

Johannis Café

# Mit Marillenschnaps und Hawaii-Toast den ganzen Tag in einer Boazn versacken

Haidhausen
Johannisplatz 15, 81667 München

Der beste Plan bei Regenwetter: Einfach mal gut sein lassen und von früh bis spät in einer Boazn versacken. Zum Beispiel im Johannis Café, denn das macht an manchen Tagen schon um 11 Uhr auf. Fototapete, Jagdgeweih und grüne Stofftischdecken sind eine interessante Abwechslung für hippe Städter*innenaugen, genau wie Schinkennudeln und Hawaii-Toast für den Gaumen. Immer dabei: der eigenwillige Wirt Olaf – entweder in echt oder als Ölgemälde an der Wand. Er versorgt euch auf jeden Fall mit der ein oder anderen Hoiben und Marillenschnaps. Wir sagen: Wer das Johannis Café nicht liebt, hat nicht gelebt.

Müller'sches Volksbad

## Eine Bahn mit Wes Anderson ziehen und ganz entspannt saunieren

Au

Rosenheimer Straße 1, 81667 München

Es ist mit Abstand das schönste Schwimmbad der Stadt und perfekt, um allein seine Bahnen zu ziehen, über den Sinn des Lebens nachzudenken und die Zeit zu vergessen. Mit euch schwimmen nur süße Omis mit Badekappen und Opis, die was für ihren Rücken tun wollen.

Einer der besten ruhigen Orte und ganz weit weg von Bikini-Idealen und Muskelprolls. Im neubarocken Jugendstilbau, der auch Kulisse für einen Wes-Anderson-Film sein könnte, gibt's außerdem eine feine Saunalandschaft mit Warmwasserbecken, finnischer Sauna und einem römisch-irischen Schwitzbad. Danach unbedingt abkühlen im pittoresken Freilufthof! Für Früh- und Spätschwimmer*innen gibt's Rabatt, jeden Dienstag ist Damenbadetag (wie herrlich oldschool klingt das eigentlich?).

www.swm.de

Tipp

An der Kasse könnt ihr extra Tickets kaufen, die Bedürftige gegen ein gratis Bad oder eine Dusche eintauschen können!

179

Münchner Kammerspiele

## Theatervergnügen mit zeitgenössischen und gesellschaftspolitischen Inszenierungen

Altstadt
Maximilianstraße 26, 80539 München

Ehrlich gesagt ist es fast ein Verbrechen an der Kultur, das krasse Theaterangebot in München nicht zu nutzen. Hier gibt's nämlich eine Menge junger Theater, die selbst in Kulturbanaus*innen wie uns Begeisterungsstürme auslösen. Zum Beispiel die Kammerspiele – ein zeitgenössisches und weltoffenes Stadttheater, das gesellschaftspolitisch ausgerichtet ist. Heißt so viel wie: Die Inszenierungen sind weit weg von verstaubter Historie und ganz nah an aktuellen Themen.

Auch in Zeiten geschlossener Theater lassen sich die Kammerspiele nicht unterkriegen: Das vielfältige Programm gibt es dann eben per Stream. In der Spielzeit 2020/21 übernimmt Barbara Mundel als erste Frau die Intendanz der Kammerspiele. Chapeau, wir sind gespannt!

◎ muenchner_kammerspiele

www.muenchner-kammerspiele.de

 Tipp

Mit der Kammerflat können Studierende und Auszubildende unter 30 die Kammerspiele für einen fairen Preis ein ganzes Jahr lang so oft besuchen, wie sie wollen.

Valentin-Karlstadt-Musäum

# Lachen und staunen im kuriosesten Museum der Stadt

Altstadt

Tal 50, 80331 München

Es gibt wenige Orte in München, denen wir eine so ehrliche Liebe entgegenbringen wie dem Valentin-Karlstadt-Musäum im Isartor. Schmale Turmtreppen führen durch Stockwerke voller urkomischer Geschichten und kurioser Überraschungen über das Künstlerduo Karl Valentin und Liesl Karlstadt.

Hier trifft bayerischer Humor auf sympathischen Nonsens und wir müssen jedes Mal wieder herzlich kichern, wenn wir uns den Winterzahnstocher, geschmolzene Schneeskulpturen und viele weitere Kuriositäten anschauen. Und mittendrin: der Nagel, an den Karl Valentin seinen Schreinerberuf hing.

valentin.musaeum

www.valentin-musaeum.de

Tipp

Im Turmstüberl könnt ihr einkehren und Weißwurst frühstücken!

E R L E B N I S

MÜNCHEN IN
11 LOVESONGS

1
UNBREAK AM HART

2
HIT ME BABY ONE MORE LAIM

3
FROM SENDLING WITH LOVE

4
NOTHING COMPARES U2

5
CRAZY MITTLERER RING CALLED LOVE

6
AND AU WILL ALWAYS LOVE YOU

7
EVERY MASS YOU TAKE

8
DREAM A LITTLE RIEM OF ME

9
PERLACH RAIN

10
CARELESS WESTPARK

11
GIESING ME SOFTLY

# Ausgehen

AUSGEHEN

# Bars ohne Schickimicki

Bleibt uns bloß weg mit euren München-Schicki-micki-Klischees. Ja, es gibt sie, die Austernschlürfer*innen in Bonzenkarren, aber deren Horizont reicht in der Regel zum Glück nicht über das P1 und die Maximilianstraße hinaus.

Die Bandbreite der Münchner Trinklokalitäten ist auf jeden Fall vielfältiger und auf der Skala zwischen Champagner-Schuppen und Rüscherl-Boazn tummeln sich so einige lässige Läden. Da stehen wir dann am unverputzten Tresen, stoßen an im versteckten Hinterhof oder holen uns Bier und Drinks auf die Hand – übrigens sowohl in High Heels als auch in Jogginghose. Jede*r, wie er*sie mag.

AUSGEHEN

**A–Z**
1   Café Kosmos
2   Cucurucu
3   Fox
4   Gorilla Bar
5   Karotte
6   Rennsalon
7   Riffraff
8   Schwarzer Dackel
9   Sehnsucht
10  Sofa So Good
11  X-Bar

Café Kosmos

## Immer voll, immer gut und das günstigste Bier der Stadt

Hauptbahnhofviertel
Dachauer Straße 7, 80335 München

Ach ja, das Café Kosmos, Urgestein der Münchner Ausgehkultur und seit jeher das gallische Dorf unter den Bars. Denn sowohl die Größe der Gläser als auch die Bierpreise liegen hier weit unter dem Münchner Standard. Profitipp, weil immer voll: Lieber gleich zwei oder mehr von den kleinen Bieren bestellen oder doch den täglich wechselnden Hausdrink probieren.

Was immer geht: Grasovka-Wodka mit frischem Apfel und dann hoffen, dass man den Weg zur steilen Wendeltreppe noch schafft. Beste Bar übrigens, falls ihr mal allein unterwegs seid, denn entweder ihr bleibt es nicht lange oder geht einfach in der Masse unter.

@cafekosmosmuc

www.cafe-kosmos.de

Tipp

Tagsüber könnt ihr hier in aller Ruhe ohne Menschenmassen Kaffee trinken.

Cucurucu

# Keine Bar für eine Nacht: Weinschorle trinken und zu Musik von Vinyl tanzen

### Hauptbahnhofviertel
**Elisenstraße 5, 80335 München**

Was eine Lieblingsbar für uns ausmacht? Feuchtfröhliche Wohnzimmer-Atmosphäre, die nicht zu angestrengt ist, bekannte Gesichter, die man immer wieder trifft, und zu wissen, was einen erwartet, aber trotzdem immer wieder überrascht zu werden.

Herzlich Willkommen im Cucurucu! Hier machen wir im Sommer gerne Halt für ein schnelles Bier oder eine unverschämt günstige Weinschorle auf der Terrasse oder lassen uns dann doch verführen, zu feinem Schallplattensound nicht nur im Takt zu wippen, sondern ordentlich abzudancen. Für uns ist das Cucu keine Bar für eine Nacht, sondern wahre Liebe!

@cucurucu.bar

**Tipp**

Im Sommer sitzen wir am liebsten auf der schönsten Terrasse im Hauptbahnhofviertel!

189

Fox

## Solide Drinks, Livemusik und schöne Menschen

Maxvorstadt
Barer Straße 47, 80799 München

Eine Bar, die sich perfekt einfügt in ihre Umgebung aus Studi-Charme und München-Chic. Sowohl Einrichtung als auch Barpersonal liegen irgendwo zwischen abgefuckt und durchgestylt. Auf jeden Fall aber schön anzuschauen.

Für das durchmischte Publikum gibt es gut gemixte Drinks und wechselnde Specials. Was nie wechselt und immer geht: die Blutgrätsche, ein Shot aus Wodka, Zitronensaft und Grenadine. Simpel, aber wirkungsvoll. Apropos voll: Am Wochenende sollte man auf einen Besuch verzichten, wenn man Probleme mit Körperkontakt hat.

⊙ foxmunich

Tipp
Immer montags gibt's Livemusik!

Gorilla Bar

# Wohnzimmerflair und Whisky Sour schlürfen in Neuhausen

Neuhausen
Hirschbergstraße 23, 80634 München

In Sachen Bars ist Neuhausen – sagen wir mal – nicht das Maß aller Dinge. Wenn ihr aber genau schaut, dann entdeckt ihr Schätze wie die Gorilla Bar an der Donnersbergerbrücke. Hier gibt es gute Drinks, die mit einem Lächeln statt mit aufgesetzter Coolness serviert werden. Das überträgt sich auf die Gäste, die gerne mal zusammenrutschen, mit dem hervorragenden Whisky Sour anstoßen und dabei über Gott und die Welt quatschen. Sozusagen das perfekte verlängerte Wohnzimmer – nicht nur für die umliegende Nachbarschaft.

@gorillabarmuc
www.gorilla-bar.com

Karotte

## Immer wieder donnerstags im Hinterhof versacken

Hauptbahnhofviertel
Goethestraße 36, 80336 München

In den wuseligen Straßen im Hauptbahnhofviertel gibt es viel zu sehen – aber auch zu übersehen. Den Innenhof, in dem sich die Karotte versteckt, muss man schon ganz gezielt ansteuern, und das am besten donnerstags. Denn nur an einem Tag in der Woche hat die Bar regulär geöffnet, die restliche Zeit könnt ihr hier Geburtstage oder sonstige Anlässe feiern.

Mit Bierli in der Hand sitzen wir am liebsten auf einem der bunt zusammengewürfelten Stühle im Innenhof, freuen uns, dass die Nachbar*innen nicht meckern und fühlen uns ein bisschen wie auf der Garagenparty von Freunden.

@gelbe.ruebe
www.diekarotte.de

Tipp
Es gibt eine eigene App mit Trinkspielen und zum Bestellen.

Rennsalon

# Eine Bar wie ein Freundeskreis: Bierli zwitschern im Glockenbach

Glockenbach
Baldestraße 13, 80469 München

Wann ist es eigentlich passiert, dass uns normal nicht mehr genügt? Dass alles immer das Neueste, Coolste, Einfallsreichste oder sonst wie Beste sein muss? Dabei sind wir doch froh, wenn wir eine Bar finden wie den Rennsalon. Großer Holztresen, normales Bier, normale Drinks, normale Mitarbeiter*innen, normale Gäste. Absolutes Erfolgsrezept würden wir sagen, denn immerhin fließt das Bier hier seit 2010.

Immer wieder sind auch DJs am Start, die auflegen dürfen, worauf sie Lust haben. Meistens Gitarren, Funk und Soul – und manchmal kann es dann passieren, dass es plötzlich gar nicht mehr so normal zugeht.

@rennsalon_muc
www.rennsalon.de

Riffraff

## Schnaps-Glücksrad, witzige Events und Sechzgerfans in good old Giesing

Giesing
Tegernseer Landstraße 96, 81539 München

Schwarze Wände, die mit Street-Art bemalt sind, bunte Stühle und ein gemischtes Publikum, wie es sich für Giesing gehört. Das Riffraff hat seinen Platz gefunden und beglückt Sechzger-Fans genauso wie Neugiesinger*innen, die sich ihre Street Credibility erst noch verdienen müssen. Abgesehen vom normalen Barvergnügen mit Bier, Schnaps und Drinks denkt sich das Team immer wieder verschiedenste Events aus. Vom Brettspielabend über die Filmnacht und Comedy Open Stage bis zum legendären Pornokaraoke sind die Unmöglichkeiten unbegrenzt!

@riffraff089

 Tipp

Das Glücksrad entscheidet, welchen Schnaps ihr bekommt, mit Pech landet ihr aber beim doppelten Trinkgeld.

Schwarzer Dackel

# Super Drinks am Shuffleboard

**Westend**
Schwanthalerstraße 158, 80339 München

Wer seinem Besuch zeigen möchte, dass man in München auch fernab von Schickimicki und Oktoberfest einen richtig guten Abend haben kann, nimmt ihn mit in den Schwarzen Dackel. Hier drückt ihr euren Freund*innen erstmal ein perfekt gezapftes Maxlrainer oder einen Pancake Sour in die Hand und spielt eine Runde Shuffleboard. In entspannter Kneipen-Atmosphäre gibt's neben gutem Barfood auch jeden Mittwoch Jazzkonzerte!

⊙schwarzerdackel_official
www.schwarzerdackel.com

A
U
S
G
E
H
E
N

Sehnsucht

# Bärte, Tattoos und Whiskey
# mit Gurkenwasser

Maxvorstadt
Amalienstraße 26, 80333 München

Motorrad über der dunkelroten Couch, Pin-up-Girls aus den 50ern an den Wänden und unzählige BHs über der Bar. Die Sehnsucht lässt auf den ersten Blick vor allem die Herzen von Männern höher schlagen. Davon trifft man hier auch genügend kernige Exemplare, die mit ihren Bärten, Tattoos, langen Haaren und Trucker Caps schon lumbersexual waren, bevor es diesen Begriff überhaupt gab.

Gemütlich ist es auf jeden Fall, ob mit Bart oder ohne. Und: Egal, wie viele Männerklischees hier erfüllt werden, zusammen mit den vielen Barkeeperinnen kommt ihr gegen jeden Macho an.

@barsehnsucht

Tipp

Frauen, die an der Bar ihren BH abgeben, bekommen eine Runde Jägermeister aufs Haus.

Sofa So Good

# Für gemütliche Stimmung und unverschämt günstiges Bier nach Großhadern reisen

Hadern
Ossingerstraße 4, 81375 München

Nach Großhadern verirren wir uns ehrlich gesagt eher selten. Schade eigentlich, denn mit dem Sofa So Good hat das Viertel wohl eine der lässigsten Nachbarschaftsbars überhaupt zu bieten. Hier sitzt ihr ein bisschen wie in Omas Wohnzimmer zwischen alten Bilderrahmen und einem antiken Radio auf Retro-Ledersofas.

Wie auch der Rennsalon wird die Bar von mehreren Freund*innen gemeinsam betrieben, die dafür sorgen, dass das Bier immer kalt und die Stimmung immer gut ist. Nicht zuletzt auch deshalb, weil ihr den halben Liter Helles hier für unvernünftig günstige 2,80 Euro bekommt. Sofa so good würden wir sagen!

@sofasogoodbar
www.sofa-sogood.de

A
U
S
G
E
H
E
N

X-Bar

# Trinken, kickern und mit der ganzen Gang auf Ledersofas fläzen

Lehel
Sternstraße 20, 80538 München

In der Clemensstraße war die X-Bar jahrzehntelang eine Münchner Institution, bis sie im Sommer 2019 leider der Gentrifizierung weichen musste. Zum Glück für alle eingefleischten Fans der urigen Kneipe hat sie einen neuen Standort im Lehel gefunden und beglückt uns wie eh und je als Oase in der Mainstreamwüste. Alles hat einen leicht schäbigen Touch – von der Bar über die englischen Ledersofas bis hin zu so manchem Gast, doch der Charme lässt sich nicht leugnen.

Bei Halbliter-Weinschorlen und günstigem Bier könnt ihr hier eine bis tausend Stunden verbringen, die auch dank des Kickers sicher nicht langweilig werden.

www.x-bar-club.de

# Rendezvous

Die Dinge, die in München unfassbar schwer zu finden sind, liefern sich ein Kopf-an-Kopf-Rennen: Wohnungen, Parkplätze und den oder die Partner*in fürs Leben – oder zumindest für einen Abschnitt davon. Wenn der oder die potenzielle Kandidat*in dann in greifbarer Nähe ist, will man es auf keinen Fall verkacken. Es raten einem immer alle, cool zu bleiben und gleichzeitig man selbst zu sein.

Hm, wir sagen: Sei du selbst, aber in der richtigen Umgebung! Die Bandbreite der Date-Optionen ist unendlich. Wir lieben Bier an der Isar, ausgefallene Kinodates und fancy Drinks in lockereasy Ambiente.

AUSGEHEN

**A–Z**
1   Ambar Bistro
2   Call Soul
3   Gloria Palast
4   Grillzone Isar Nord
5   Jazzclub Unterfahrt
6   Reichenbachkiosk
7   Schnelle Liebe
8   Trisoux
9   True Romance
10  Weinberg
11  Zephyr

Ambar Bistro

# Wo neapolitanische Herzlichkeit auf Giesinger Schmäh trifft

Giesing
Tegernseer Landstraße 25, 81541 München

Wenn wir mit einem Laden befreundet sein könnten, wäre es das Ambar Bistro in Giesing. Hier trifft neapolitanische Herzlichkeit auf Giesinger Schmäh, aus dem Zapfhahn fließt Craftbier und aus der Küche kommen italienische Köstlichkeiten wie selbst gemachte Ricotta-Gnocchi oder wahnsinnig gute Polpette aka Fleischbällchen. Es liegt auf jeden Fall Liebe in der Luft und wenn Gianluca dann noch zum hausgemachten Limoncello einlädt, müsst ihr aufpassen, dass euer Date (oder ihr?!) nicht lieber hierbleibt.

@ambarbistro
www.ambar-bistro.de

Tipp
Perfekt für spontane Dates, denn man kann nicht reservieren.

Call Soul

## Heisenberg Margarita: richtig Punkte sammeln mit ganz großem Bar-Kino

Schwabing
Biedersteiner Straße 6, 80802 München

Wenn man nicht weiß, dass es das Call Soul gibt, stolpert man auch nicht einfach rein. Doch was euch hinter der Kellertür eines Schwabinger Hauses am Englischen Garten erwartet, ist ganz großes Bar-Kino. Service und Skills stehen an erster Stelle und ein Besuch ist in jedem Fall immer ein Erlebnis.

In der hauseigenen Destillerie werden Liköre, Gin und Co. gezaubert, die direkt in den ausgefallenen und handwerklich perfekt zubereiteten Drinks landen, die Heisenberg Margarita oder Burning Man heißen. Hier müsst ihr gar nicht tief in die Date-Trickkiste greifen, das übernimmt die Barcrew schon für euch.

@ better_callsoul
www.callsoul-breakingbar.de

Tipp
Die Bars haben wegen Corona geschlossen? Dann lasst euch einen Champagner-Whiskey oder den Popp'n'Kill mit Rum und Popcorn einfach nach Hause liefern!

Gloria Palast

## Schmusen auf Samtsesseln bei der Sonntagsmatinee

Altstadt
Karlsplatz 5, 80335 München

Kinodates sind lame? Pah, das denken nur Leute, die ihre Angebeteten in seelenlose Kinoketten schleppen. Wer sein Date mit Glanz verführen will, muss ins Gloria! In dem geschichtsträchtigen Filmtheater fanden schon in den 50ern glamouröse Premieren und funkelnde Abende statt. Lasst euch auf Sesseln mit rotem Samt und Fußschemel nieder, schaut Premieren und Filmklassiker und lasst euch dabei am Platz (!) feine Happen und erlesene Tropfen kredenzen.

Statt Cola und Popcorn warten Champagner, Lachscarré, Trüffelsalami und Feigensenf. Und wenn euer Date euch dann noch nicht leidenschaftlich in den Armen liegt, könnt ihr immer noch den alten Gähn-Streck-Armumlege-Trick auspacken!

⊙ gloriapalast
www.gloria-palast.de

Tipp
Wie wäre es statt Date-Night mit Frühstück und Kultfilm bei der Sonntagsmatinee?

# Die Funken sprühen lassen beim Lagerfeuer an der Isar

Bogenhausen
Grillzone 5, 80805 München

Ein Spaziergang an der Isar geht zwar immer, ist aber nicht unbedingt die kreativste Idee für ein schönes Date. Mit wenig Aufwand lässt sich der Isarbesuch leicht aufwerten. Packt also nicht nur Bierchen und Picknickdecke aufs Radl, sondern auch eine Hängematte und ein Feuerzeug ein. Denn sowohl im Norden nahe des Oberföhringer Stauwehrs als auch im Süden rund um Pullach und Grünwald sind kleine Lagerfeuer auf den Kiesbänken erlaubt.

Feuerholz findet man vor Ort genug – genau wie einsame Plätze. Da knistern garantiert nicht nur die Flammen. Wo genau das Feuermachen erlaubt ist und auf welche Regeln ihr achten müsst, verrät das Münchner Landratsamt auf seiner Homepage.

AUSGEHEN

Jazzclub Unterfahrt

## Perfekte Date-Stimmung in einem der bekanntesten Jazzclubs Europas

Haidhausen
Einsteinstraße 42, 81675 München

Für euch mag es nach Breaking News klingen, wenn wir euch erzählen, dass es in München einen der wohl bedeutendsten Jazzclubs Europas gibt. Tatsächlich residiert der Jazzclub Unterfahrt aber schon seit über 40 Jahren in der Stadt.

Jeden Tag könnt ihr im schummrigen Keller Künstler*innen von nah und fern bewundern – von unbekannten Newcomer*innen bis hin zu den ganz großen Namen der Szene. Dabei ist das Ambiente genau so, wie man sich einen Jazzclub und den perfekten Rendezvousspot vorstellt. An kleinen Bistrotischen lauscht ihr den Klängen, nippt am Wein und könnt sogar Essen bestellen.

@jazzclub_unterfahrt
www.unterfahrt.de

Reichenbachkiosk

## Sich in der Schlange näherkommen
## und mit Bierchen an der Isar spazieren

Glockenbach
Fraunhoferstraße 46, 80469 München

Bierchen an der Isar? Klingt nach einem ziemlich uninspirierten Vorschlag für ein Date, aber manchmal sind es doch die Klassiker, und nirgends könnt ihr in so viele Himmelsrichtungen fliehen wie an der Isar. Erste Anlaufstelle zu (fast) jeder Tages- und Nachtzeit ist natürlich der Reichenbachkiosk. Während ihr in der Schlange steht, könnt ihr euch näherkommen oder euch aus all den Leuten schon mal Alternativen aussuchen.

Am Fenster vermeidet ihr dann die Glaubensfrage nach Augustiner oder Tegernseer, indem ihr ein anderes der über hundert Biere bestellt und überrascht eure Begleitung mit einem Kaktuseis.

@kiosk.muc
www.kiosk-muenchen.de

AUSGEHEN

Schnelle Liebe

# Eine Grundlage für die Nacht aus Burgern und Blutgrätsche

Glockenbach
**Thalkirchner Straße 12, 80337 München**

Wir ersetzen „schnelle" durch „wahre" und schon geht unsere Rendez-vous-Rechnung auf, denn den winzigen Laden muss man einfach gern haben. Irgendwo zwischen Bar und Burgerladen sitzt ihr hier dicht gedrängt und kommt euch näher – ob ihr wollt oder nicht. Die Burger sind seit jeher solide und kommen immer mit Salat, Potato Wedges und diesem essbaren Dipschälchen, das eigentlich alle nicht so lecker finden, es am Ende aber trotzdem essen.

Pflichtprogramm sind ein bis elf Blutgrätschen, um anschließend mit der wahren Liebe nach Hause zu gehen oder nach der schnellen Liebe zu suchen.

@schnelle.liebe
www.schnelle-liebe.business.site

Trisoux

# Fine Drinking im Interiortraum

Glockenbach
Müllerstraße 41, 80469 München

Als erstes fällt einem im Trisoux das Interior – genauer gesagt die Decke – ins Auge: 7.500 Vierkantfichtenhölzer zieren wellenförmig die Decke im vorderen und hinteren Bereich der Bar. Aber nicht nur die Einrichtung ist extravagant, auch in Sachen Drinks wird hier nichts dem Zufall überlassen.

Die Barprofis zaubern wohlklingende, wohlschmeckende und wunderschöne Drinks, mit denen man auf jeden Fall Eindruck schinden kann. Fürs Rendezvous verzieht ihr euch am besten in den hinteren Bereich der Bar, in dem es ein wenig ruhiger zugeht.

ⓘ trisoux_bar
www.trisoux.com

True Romance

# Romantischer wird's nicht

### Gärtnerplatzviertel
**Klenzestraße 47, 80469 München**

Pizza Fritta, Arancini, hausgemachte Polpette, Pulposalat, Pasta mit Rinderragout. Italienische Restaurants gibt es in München wie Sand an der Adriaküste, doch richtig gute neapolitanische Küche findet man noch nicht so häufig. Anders im True Romance in der Klenzestraße. Hier werden eure frittierten Pizzaträume wahr, der Pastahunger gestillt und der Kater mit Arancini und nasty Nachspeisen bekämpft.

Das alles in schickem Industrial-Ambiente, mit locker-freundlichem Service, sodass nicht nur das nächste Hangover-Treffen mit der Gang sicher ist, sondern auch die Date-Night mit dem*der Liebsten. Ebenfalls gut: Sich die Pizza Fritta am Straßenverkauf schnappen und damit an die Isar spazieren!

trueromance_munich
www.trueromance-munich.de

Weinberg

# Sieben Glaserl schlürfen und mit geballtem Weinwissen nach Hause spazieren

### Giesing
**Edelweißstraße 15, 81541 München**

Vielleicht geht es euch wie uns: Ihr trinkt gerne mal ein Glas Wein, aber eigentlich habt ihr keine Ahnung von der Materie. Ist gar nicht schlimm, denn ein offener Umgang mit den eigenen Makeln ist ja irgendwie sympathisch. Schnappt euch also euer bestimmt genauso planloses Date und pilgert den Giesinger Berg hoch zu den wohl entspanntesten Weinabenden der Stadt.

Im Giesinger Weinberg könnt ihr euch entweder zu fixen Verkostungsterminen anmelden oder auch mal spontan vorbeischauen. Nach fünf bis sieben Glaserln seid ihr schlauer und auch die Schmetterlinge im Bauch selig beschwipst.

⊙ weinberg.club

www.weinberg.club

 Tipp

Bei den Feierabendverkostungen probiert ihr drei Weine für superfaire 10 Euro.

Zephyr

# Hohe Drinkkunst und lockereasy Stimmung seit 2010

Gärtnerplatzviertel
Baaderstraße 68, 80469 München

Falls ihr oder euer Date unter Entscheidungsschwäche leidet, aber trotzdem hohe Ansprüche habt, dann geht ihr am besten ins Zephyr. Im Zweifel schaut euch der Bartender einfach an und mixt euch euren neuen Lieblingsdrink – versprochen!

Wer die Kreationen schon mal probiert hat (jeder Drink ein Treffer!), wundert sich schon lange nicht mehr, dass Barchef Lukas immer wieder Preise abräumt. Trotz gehobener Drinkkunst mit Erdbeerstaub und Jalapeño-Tinktur ist die Stimmung lockereasy und wer hier nicht glücklich angeschwipst rausläuft, den muss man vielleicht kein zweites Mal treffen.

🄾 zephyrcocktails
www.zephyr-bar.de

 Tipp

Im Lockdown hat das Zephyr die Slushy-Kultur wieder zum Leben erweckt. Perfektes Date: Mit Wassermelonen-Daiquiri-Slushy to go ab an die Isar!

Bier. Bier. Bier. Am liebsten soll es frisch gezapft unsere Kehle erfrischen und unseren Geist erhellen – zumindest, wenn man es nicht übertreibt. Über die Liebe der Münchner*innen zu ihrem Bier wurde schon genug gesagt, daher überspringen wir den pathetischen Teil und stellen fest: Ob als Helles aus der Flasche an der Isar, als Weißbier am Tresen in der Boazn oder doch zitronig-duftend im Craftbier-Schuppen – die Bier-Love is real.

Kein Wunder, dass in schweren Zeiten die Hopfenversorgung sogar mit Lastenradl und futuristischem Bierautomaten aufrechterhalten wird. Also Prost! Auf die Vierfaltigkeit aus Hopfen, Hefe, Wasser und Malz!



**A–Z**

1 Altgiesing
2 Bierkiste
3 Broy Spätkauf
4 Bufet
5 Frisches Bier
6 Geyerwally
7 Kilombo
8 Saluki
9 True Brew
10 Valentin Stüberl
11 Vereinsheim

### 1 ALTGIESING

Bodenständiger Giesinger Charme, Bierchen und Tischkicker zwischen unverputzten Wänden.

🔘 altgiesing

### 2 BIERKISTE

Eine Mischung aus Kneipe, Kiosk und
Getränkemarkt: Hier könnt ihr Bier kleiner
lokaler Brauereien mitnehmen oder auf der
Terrasse verkosten. Wir empfehlen: Bierli
vom Fass und (vegane) Currywurst.

🔘 bier.kiste, www.bierkiste-muenchen.de

### 3 BROY SPÄTKAUF

Die lässige Münchner Brauerei betreibt mehrere Tankstellen mit
frischem Bier von der Zapfsäule, einen 24-Stunden-Lieferservice und
einen futuristischen Späti.

🔘 broy_beer, www.broy.beer

### 4 BUFET

Tolle Wurst und frisches Bier aus dem Stahltank im Bahnhofsimbiss 2.0.
Selbstbedienung ahoi, und Bierstrichliste nicht vergessen! Spricht man übrigens genauso aus, wie man es schreibt.
☺ bufet_bier_und_wurst, www.bufet.de

### 5 FRISCHES BIER

Craftbier aus 14 Zapfhähnen von kleinen Brauereien: Perfekt für alle, die ein gutes Feierabendbier genießen und sich nicht nur dran festhalten wollen. Nicht verpassen: den regelmäßigen Tap-Takeover!
☺ frischesbiermuenchen, www.frischesbier-muenchen.de

1  **Altgiesing** Tegernseer Landstraße 93, Giesing
2  **Bierkiste** Zenettistraße 43, Schlachthofviertel
3  **Broy Spätkauf** Thalkirchner Straße 16, Glockenbach
4  **Bufet** Dachauer Straße 7a, Hauptbahnhofviertel
5  **Frisches Bier** Thalkirchner Straße 53, Schlachthofviertel

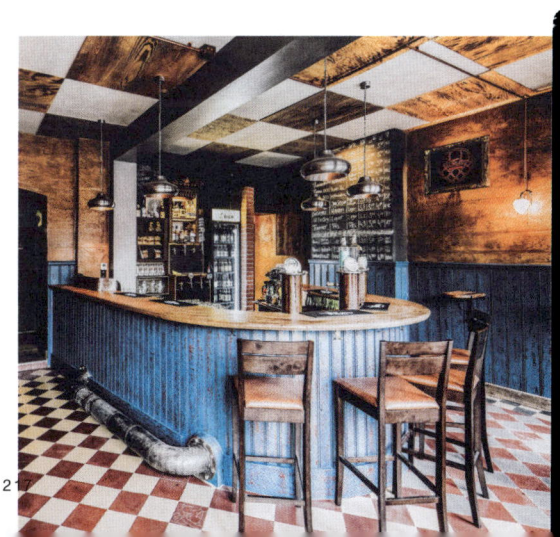

**7 KILOMBO**

Eine Kneipe wie das Westend: ehrlich, unaufgeregt und geküsst von der Muse natürlicher Lässigkeit. Das Kilombo muss nichts, kann aber dafür alles. Im Sommer gibt's Bier mit Parkstraßen-Flair und als Grundlage Kartoffelsalat und Wassereis.

◎ bar.kilombo

**6 GEYERWALLY**

Die kunterbunte Boazn versorgt die Hood schon seit 1957 mit günstigen Halben. Zwischen Filmplakaten, Lametta und sonstigem Chichi trifft hier Wohnzimmerfeeling auf urigen Kneipencharme.

◎ geyer_wally

**8 SALUKI**

Craftbier trifft Kimchi trifft Pizza im perfekten Nachbarschaftslokal.

◎ saluki_thalkirchner_130

### 9 TRUE BREW

Im Taproom fließen hauseigene und saisonal wechselnde Bierkreationen aus zehn Zapfhähnen. Gönnt euch Pinsa Romana und Pale Ale auf der alten englischen Ledercouch!

truebrew.co, www.truebrew.co

### 10 VALENTIN STÜBERL

Herrengedeck und 70er-Jahre-Charme fernab der Schickeria. Den typischen Gast gibt es im Stüberl fast nicht, denn starke Mische gilt hier nicht nur für die Drinks! valentinstueberl, www.valentinstueberl.com

### 11 VEREINSHEIM

Kickern und Kleinkunst im Schwabinger Original: Hier trifft solides Trinkvergnügen auf Lesungen, Konzerte, Kabarett, Poetry-Slams und mehr – meistens günstig, häufig kostenlos, immer gut.

vereinsheim_schwabing, www.vereinsheim.net

6 **Geyerwally** Geyerstraße 17, Glockenbach

7 **Kilombo** Gollierstraße 14a, Westend

8 **Saluki** Thalkirchner Straße 130, Sendling

9 **True Brew** Dreimühlenstraße 25, Dreimühlenviertel

10 **Valentin Stüberl** Dreimühlenstraße 28, Dreimühlenviertel

11 **Vereinsheim** Occamstraße 6, Schwabing

# Draußen trinken

Warum die Münchner*innen die ungekrönten Meister*innen des Draußentrinkens sind? Keine Ahnung! Sind die Wohnungen zu klein? Wollen sie sehen und gesehen werden? Egal, denn in Zeiten von geschlossenen Bars und Abstandsregeln ist das ein unerlässlicher Skill fürs Wohlbefinden.

Es ist und bleibt ein ungeschriebenes Gesetz, dass mit den ersten wärmenden Sonnenstrahlen die Biergartensaison schneller eröffnet ist, als ihr Radlermaß sagen könnt. Und sei es Mitte Februar. Das Klackern der Bierkrüge, das Klirren der Spritz-Gläser, das Rauschen der Isar ist der Soundtrack, der in unser aller Ohren klingt wie frühlingshafte Engelschöre.



**A–Z**

1 Biergarten Insel Mühle
2 Biergarten Wiener Platz
3 Café Von & Zu
4 Crönlein
5 Goldene Bar
6 Komitee
7 Kulturdachgarten
8 Loretta Bar
9 Lucullus
10 Minna Thiel
11 Zum Flaucher

Biergarten Insel Mühle

# Bier, Brotzeit und die pure Idylle direkt an der Würm

Obermenzing
Von-Kahr-Straße 87, 80999 München

Okay, für uns fallen Obermenzing und die Würm fast schon in die Ausflugskategorie, aber wir geben uns redlich Mühe, die Stadt für uns nicht am Mittleren Ring enden zu lassen. Denn spätestens wenn ihr mal in der absoluten Biergartenidylle der Insel Mühle vorbeigeschaut habt, wollt ihr vielleicht gar nicht mehr zurück.

Direkt neben dem friedlich plätschernden Wasser der Würm könnt ihr die ein oder andere Maß kippen, leckere Brotzeiten oder deftige Mahlzeiten verschlingen und der Sonne beim Untergehen hinter den großen Kastanien zuschauen.

www.inselmuehle-muenchen.com

Biergarten Wiener Platz

## Eine kühle Maß unter Kastanien in einem der schönsten Biergärten der Stadt

Haidhausen
Innere Wiener Straße 19, 81667 München

Normalerweise vermeiden wir Verallgemeinerungen, doch wir lehnen uns jetzt mal aus dem Fenster und sagen: Die Liebe zur Biergartenkultur vereint ausnahmslos alle Münchner*innen! So ein Sommertag unter Kastanien mit einer kühlen Maß in der Hand und Freund*innen um einen herum ist aber auch schwer zu übertreffen. Auf einmal braucht es gar nicht viel, um glücklich zu sein.

Besonders gerne sind wir dabei im Biergarten am Wiener Platz, denn der ist gleichzeitig zentral und erfüllt mit großen Kastanien und obligatorischer Zamrutsch-Mentalität unsere kühnsten Biergartenträume.

⌾hofbraeukeller
www.hofbraeukeller.de

 Tipp
Für alle, die es nicht wissen: In jeden bayerischen Biergarten darf man seine eigene Brotzeit mitbringen!

Café Von & Zu

# In der Badewanne Vino sippen und das süße Leben genießen

Maxvorstadt
Luisenstraße 22, 80333 München

Es gibt wenige Orte in München, an denen sich das Leben so herrlich leicht anfühlt wie im Von & Zu. Egal, ob uns der Hunger nach dem süßen Leben packt, das Herz schmerzt, die Work-Spritz-Balance ausgeglichen werden muss oder eine laue Sommernacht mit Freund*innen gelebt werden will: Das Von & Zu nimmt euch auf wie ein*e gute*r Freund*in, setzt euch in die Badewanne vor der Tür und stellt euch erst mal einen soliden Vino vor die Nase. Dazu gibt's Oliven, guten Käse und fluffiges Ciabatta – und das Fernweh fühlt sich schon gleich viel weniger schlimm an.

⊙ vonundzu_cafe

Crönlein

# Mondino-Spritz, Dinkelpizza und Livemusik im ehemaligen Klohäuschen

Giesing
Am Nockherberg 8, 81541 München

Es war einmal ein altes Toilettenhäuschen direkt am Nockherberg, dem eines Tages frisches Leben und eine neue Bestimmung eingehaucht wurden. Nun ist es ein Ort, an dem ganz Giesing vorbeirennt, einkehrt, spontaner Livemusik lauscht, ungeplanterweise doch noch einen Mondino-Spritz bestellt und sich als angetrunkene Crönung eine dampfende Dinkelpizza über den Tresen auf die Hand und in den Mund schieben lässt.

Setzt euch auf die Steinstufen unter Lichterketten oder holt euch Liegestühle und verbringt einen dieser Sommerabende, für die wir München so sehr lieben.

@ cafe_croenlein

Tipp

Im Winter herrscht kein normaler Betrieb, aber vor allem Privatfeiern bis in die Morgenstunden sind dann besonders beliebt!

AUSGEHEN

Goldene Bar

# Sundowner auf der brutalen Terrasse
# am Haus der Kunst

Lehel
Prinzregentenstraße 1, 80538 München

An der Goldenen Bar kommt keiner vorbei. Eisbachsurfer*in, Cocktail-Lover*in, Museums- oder Parkbesucher*in – hier findet jede*r einen Platz und das passende Getränk. Beim Blick ins Innere muss man allerdings aufpassen, dass man sich nicht verschluckt, denn das ist wirklich atemberaubend. Da muss man fast überlegen, ob man nicht auch bei gutem Wetter lieber drinnen bleibt, um dem kundigen Barpersonal über die Schulter zu schauen.

Wenn aber im Sommer die große Terrasse mit ihren klassizistischen Säulen, dem Blick auf den Englischen Garten und der perfekten Abendsonne eröffnet wird, gibt es keinen Halten mehr.

www.goldenebar.de

Komitee

# Eine Bar wie eine WG-Party: Trinken, Tacos und Terrassentraum

Maxvorstadt
Gabelsbergerstraße 24, 80333 München

Es gibt Orte, an denen fühlt man sich sofort wohl und ein bisschen so, als wären sie oder man selbst schon immer an diesem Fleck. Das Komitee ist so ein Ort. Die Bar hat sich nicht nur mit ihrer geselligen Terrasse in unser Herz geschlichen, sondern auch mit Erdbeer-Frosé unser Hirn (Brainfreeze!) bezirzt und mit Fusion-Tacos und frittierten (!) Oreos unsere Gaumen verzaubert.

Besonders genießen wir das Gewusel und Gewimmel und den fließenden Übergang zwischen Drinnen und Draußen. Und irgendwie werden wir das Gefühl nicht los, dass das Komitee gar keine Bar, sondern eine nie enden wollende WG-Party ist, bei der nicht nur selbst gemachter Melonen-Gin fließt, sondern irgendwer auch verdammt gut kochen kann.

@das_komitee

Kulturdachgarten

## Essen, trinken und die Aussicht
## auf dem Parkhausdach genießen

Hauptbahnhofviertel
Adolf-Kolping-Straße 10, 80336 München

„Dachterrasse" ist und bleibt ein absolutes Triggerwort in München.
Kein Wunder, dass der Dachgarten, der sich direkt zwischen Haupt-
bahnhof und Stachus versteckt, einen wahren Hype ausgelöst hat.
Ein bisschen muss man nach dem Aufgang suchen, doch dann macht's
BÄM!

Auf dem Dach eines Parkhauses thront ein großes Holzgestell,
das mit viel Mühe dekoriert, bepflanzt und bewirtet wird. Hier lasst
ihr den Mief der umliegenden Straßen hinter euch, esst gemütlich zu
Mittag, schlürft Drinks und fühlt euch ein bisschen berlinerisch – aber
zum Glück mit Blick auf Frauenkirche statt Fernsehturm.

kultur.dachgarten
www.kulturdachgarten.de

Loretta Bar

# Day Drinking mit Müllerstraßen-Flair

Glockenbach
Müllerstraße 50, 80469 München

Ja, die Loretta Bar. Das ist die freundliche Nachbarin, mit der man so gerne mal ratscht, und bei der man sich immer freut, sie zu sehen, denn sie ist nicht aufdringlich, aber auch nicht langweilig, nicht abgehoben, aber auch nicht anspruchslos. Mit und bei ihr könnt ihr gut und gerne mal den ganzen Tag verdaddeln, auf den Draußenplätzen das wuselige Treiben auf der Müllerstraße beobachten und vom Cappuccino über den Kuchen bis zum Aperitivo die Leckereien der Alleskönnerin namens Loretta so richtig auskosten. Die Gute holt euch auf jeden Fall runter – da wird sogar das Trambeben zur meditativen Vibration.

@loretta.bar
www.loretta-bar.de

Lucullus

## Lauschiger wird's nicht: lange Sonne in der urigsten Laube Untergiesings

Giesing
Birkenau 31, 81543 München

Sollte neben dem Wort „lauschig" noch ein Bild im Lexikon fehlen, dann schlagen wir hiermit den Außenbereich vom Lucullus in Untergiesing vor. Dabei ist Außenbereich eher eine kaltherzige und stümperhafte Bezeichnung für diese urig-bewachsene Biergartenlaube.

Die Sonne scheint hier lange, die Portionen sind reichlich und die Preise mehr als fair. Was uns aber immer wieder in das griechische Lokal nahe der Isar führt? Ganz klar die unverwechselbare Atmosphäre und die Halbe-Liter-Humpen Weinschorle!

@lucullus_taverne
www.lucullus-muenchen.de

Minna Thiel

# Drinks, Tischtennis und Lesungen: eine Oase mitten im Museumsviertel

Maxvorstadt
Gabelsbergerstraße 33, 80333 München

Die Minna Thiel mitten im Maxvorstädter Museumsviertel ist für uns die Blaupause eines perfekten und ganz besonderen Feierabendspots. Rund um den ausrangierten Schienenbus direkt vor der HFF ist hier ein sommerliches Kleinod mit Schiffscontainerbar, Tischtennis-platte, einem großen Zeltdach und jeder Menge Platz zum Draußen-chillen entstanden.

Kostenlos zum Feierabendbier serviert die Minna übrigens ein vielfältiges Kulturprogramm. Wir lieben die Schienenbuskonzerte, kommen gerne zu einem Leseabend oder dancen ein bisschen in und um den Discotrain aka die Elektro-Lokomotive.

@minna.thiel

Zum Flaucher

## Idyllisch biergarteln in den Isarauen

**Sendling**
Isarauen 8, 81379 München

Der Flaucher – irgendwo zwischen Badeparadies und Grillghetto übt dieser Abschnitt der Isar eine ganz besondere Faszination auf alle Münchner*innen aus. Mittendrin, aber doch irgendwie versteckt, liegt einer unserer liebsten Biergärten direkt im Grünen. Aber eben doch noch so zentral, dass er der perfekte Ort für eine kleine, feine Radltour entlang der Isar ist.

Packt also die Brotzeit ein, schwingt euch auf den Drahtesel und statt großer Grillaction, gibt's lieber mal eine entspannte Maß – davor, danach oder mittendrin unbedingt die Füße (oder den ganzen Körper) in die Isar halten!

⊚ zumflaucher

www.zumflaucher.de

**Tipp**

Gleich ums Eck liegt das kleinere Schinderstadl, wo ihr auch wunderbar Radler auf den Bierbänken trinken könnt.

München und seine Clubs. Das war, ist und bleibt eine Beziehung mit – sagen wir mal – gewissen Spannungen. Dass sie aber alle schließen müssen, und nicht die Nachbar*innen dran Schuld sind – damit hat nun wirklich niemand gerechnet. Und so tun wir etwas, das wir in München schon immer gut konnten: Wir schwärmen von Vergangenem, träumen von durchtanzten Nächten, idealisieren das Weißt-Du-Noch, aber bleiben dabei stets nach vorne gewandt, haben die Ausgehsneaker poliert im Schrank und sind jederzeit bereit, zurückzukehren auf die Tanzböden dieser Stadt.

AUSGEHEN

A–Z
1 Backstage
2 Blitz
3 Charlie
4 Goldener Reiter
5 Harry Klein
6 Milla Club
7 Palais
8 Pimpernel
9 Senatore
10 Strom
11 Unter Deck

### 1 BACKSTAGE

Eine Pilgerstätte für Fans alternativer Musik und Subkultur since 1991. Auf 3.600 Quadratmetern finden hier vielfältige Veranstaltungen und stabile Festivals statt.

backstagemunich, www.backstage.info

### 2 BLITZ

Die fetteste Soundanlage weit und breit beschallt die krasse Location auf der Museumsinsel. Von lokalen DJs bis zu den ganz großen Namen der Technoszene ist hier alles möglich. blitz_music_club, www.blitz.club

### 3 CHARLIE

Oben Restaurant, unten Kellerbar. Immer wieder samstags versammeln sich die Hippen und Kreativen der Stadt zum elektronischen Tanzgelage.

bar_charlie, www.charl.ie

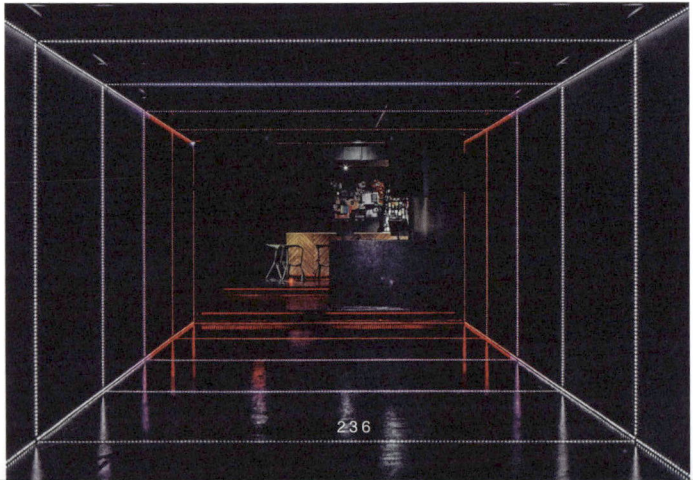

## 5 HARRY KLEIN

Das Urgestein der Münchner Technoclubs. Harry kann immer, will immer, geht immer. Neben Sound auch immer gute Visuals! Zu später Stunde Obacht geben bei der steilen Treppe.

⌾ harrykleinclub, www.harrykleinclub.de

## 4 GOLDENER REITER

Im Partykeller unseres Vertrauens steppen wir am liebsten zu feinem Discosound, Funk und House. Dazu eine Blutgrätsche, und wenn doch mal Hip-Hop oder Trash läuft, wird's erst richtig lustig.

⌾ goldener.reiter

## 6 MILLA CLUB

Für richtig gute Konzerte kommt niemand an der Milla vorbei. Der steinerne Keller kann aber auch Party – dank Crews wie Fancy Footwork, Side Street Soul und Kassettenclub.

⌾ milla_club, www.milla-club.de

AUSGEHEN

1 **Backstage** Reitknechtstraße 6, Neuhausen
2 **Blitz** Museumsinsel 1, Au-Haidhausen
3 **Charlie** Schyrenstraße 8, Giesing
4 **Goldener Reiter** Theklastraße 1, Gärtnerplatzviertel
5 **Harry Klein** Sonnenstraße 8, Ludwigsvorstadt
6 **Milla Club** Holzstraße 28, Glockenbach

### 7 PALAIS

Afterhour in München? Ab ins Palais! Um 23.59 Uhr geht's los, ab 7 Uhr gibt's Frühstück und bis 12 Uhr macht ihr den Tag zur Nacht. Zwischen rotem Plüsch, Gold und Glitzer gibt's 'ne Bassmassage!

palaisclub_

### 8 PIMPERNEL

Wenn alle/s andere/n schon dicht ist/sind, geht eins immer: zu Discosound abshaken im Pimpernel! Hier kommen alle zusammen, egal, wo sie davor unterwegs waren. In unserer verschwommenen Erinnerung war es jedenfalls immer super.

pimpernel_official, www.pimpernel.de

### 9 SENATORE

Zwischen Staatsoper und Softporno: Das Senatore lädt erst mit Pizza ein, die Grundlage für lange, feuchtfröhliche Tanznächte zu schaffen, und hält euch dann mit Drinks wie Lollobrigida bei Laune.

senatorebar, www.senatore.bar

## 10 STROM

Vom Rockkonzert bis zur Indieparty: Das Strom kann kleine, intime Musikabende genauso gut wie Halligalli-Drecksau-Partys – und das alles ganz ohne Attitüde.

◙ strom.munich, www.strom-muc.de

## 11 UNTER DECK

Musikalische Vielfalt zwischen „Techno Titten Tina Turner"-Partys und anspruchsvollen Vinylsessions. Großes Potenzial für starke Abende, mit denen ihr vorher nicht gerechnet habt. ◙ unter.deck

AUSGEHEN

7 **Palais** Arnulfstraße 16–18, Hauptbahnhofviertel

8 **Pimpernel** Müllerstraße 56, Glockenbach

9 **Senatore** Sendlinger-Tor-Platz 5, Glockenbach

10 **Strom** Lindwurmstraße 88, Ludwigsvorstadt

11 **Unter Deck** Oberanger 26, Altstadt

# Flanier-vergnügen

**244–247**
# Maxvorstadt

**248-251**
# Glockenbach

**252-255**
# Au-Haidhausen

**256-259**
# Giesing

VIERTEL

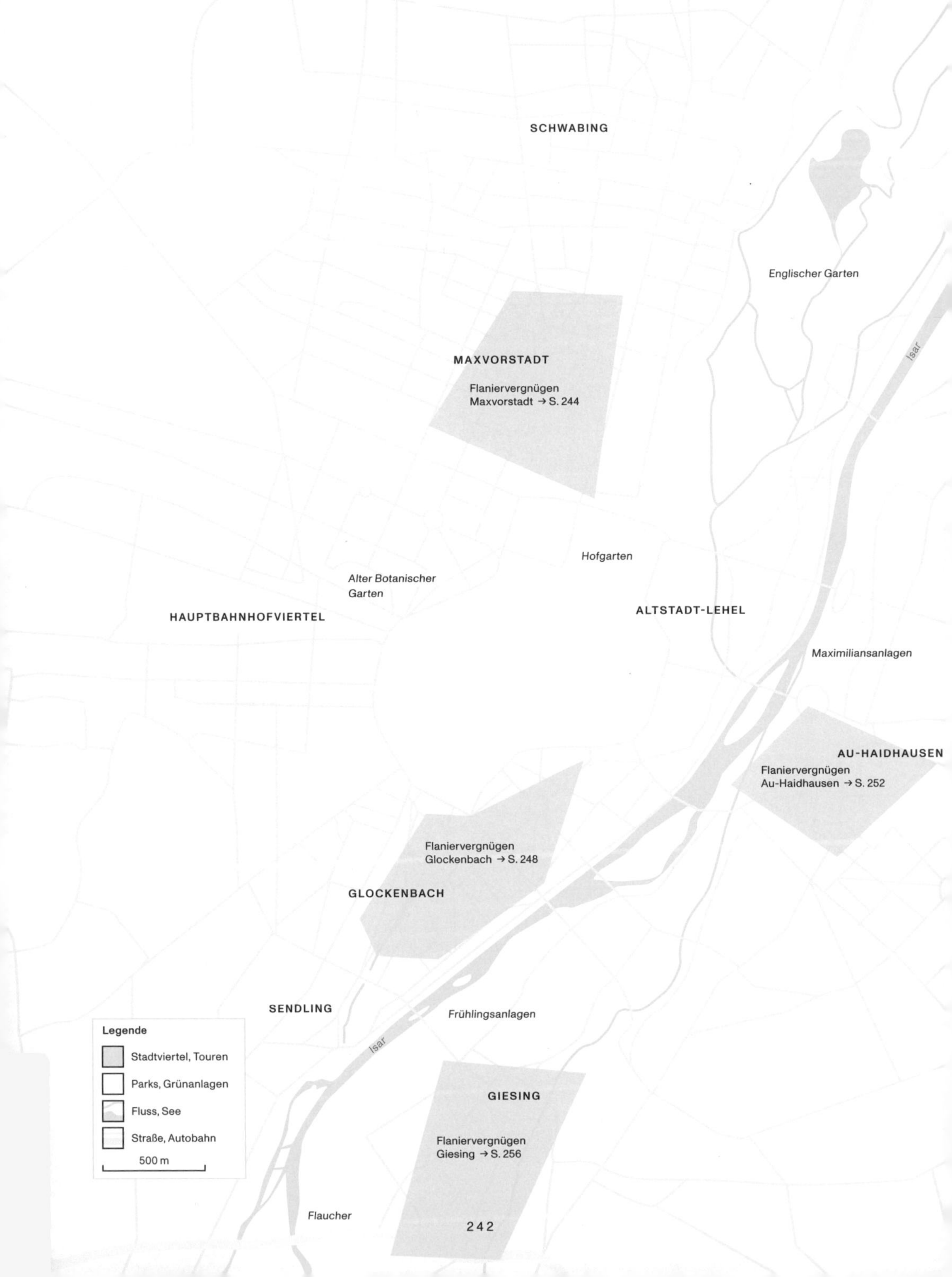

SCHWABING

Englischer Garten

Isar

**MAXVORSTADT**

Flaniervergnügen
Maxvorstadt → S. 244

Hofgarten

Alter Botanischer
Garten

HAUPTBAHNHOFVIERTEL

ALTSTADT-LEHEL

Maximiliansanlagen

**AU-HAIDHAUSEN**

Flaniervergnügen
Au-Haidhausen → S. 252

Flaniervergnügen
Glockenbach → S. 248

**GLOCKENBACH**

SENDLING

Frühlingsanlagen

Isar

**GIESING**

Flaniervergnügen
Giesing → S. 256

Flaucher

**Legende**

Stadtviertel, Touren

Parks, Grünanlagen

Fluss, See

Straße, Autobahn

500 m

242

## Die Münchner Viertel

München ist ein Dorf? Nein. München sind 477 Dörfer! Tatsächlich gliedert sich die Stadt nicht nur in die offiziellen 25 Bezirke, sondern auch in eine unfassbare Zahl einzelner Viertel. Kein Wunder, dass wir manchmal nicht wissen: Ist das jetzt das Glockenbach oder das Gärtnerplatzviertel und wo fängt die Isarvorstadt an und hört die Ludwigsvorstadt auf? Klar ist nur, dass jedes Eck in München seinen eigenen Charme und Charakter hat und getreu dem Motto „Meine Stadt, mein Bezirk, mein Viertel, meine Gegend, meine Straße, mein Zuhause, mein Block" hat auch jede*r Münchner*in besonders viel Liebe für die heimischen Straßenzüge.

Um dem allgemeinen Trend, das eigene Viertel kaum zu verlassen, entgegenzuwirken, nehmen wir euch bei unserem Flaniervergnügen mit auf Entdeckungstour! Schnürt die Schuhe und macht euch auf in vielleicht unbekannte Ecken der Stadt!

VIERTEL

**Flaniervergnügen**
Maxvorstadt
Glockenbach
Au-Haidhausen
Giesing

# Flaniervergnügen
## Maxvorstadt

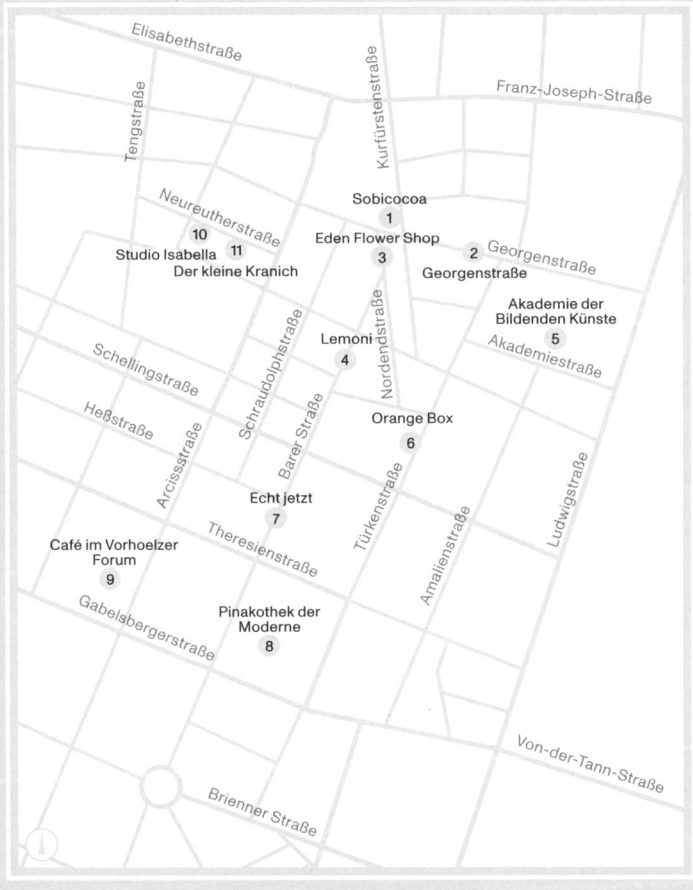

1 Sobicocoa, Georgenstraße 48
2 Georgenstraße
3 Eden Flower Shop, Nordendstraße 15
4 Lemoni, Barer Straße 82
5 Akademie der Bildenden Künste, Akademiestraße 2–4
6 Orange Box, Türkenstraße 61
7 Echt jetzt, Barer Straße 48
8 Pinakothek der Moderne, Barer Straße 40
9 Café im Vorhoelzer Forum, Arcisstraße 21
10 Studio Isabella, Neureutherstraße 29
11 Der kleine Kranich, Neureutherstraße 21
**Maxvorstadt 80799/80801/80333**

## Maxvorstadt

Studi-Charme, Hochkultur und schicke Menschen – hallo Maxvorstadt! Unser Flaniervergnügen beginnt bei einem Fensterbankfrühstück ohne Schuhe im charmanten Künstlercafé (1) Sobicocoa. Zur Verdauung flanieren wir über die (2) Georgenstraße und bewundern eine Retro-Tankstelle und Prunkbauten. Danach wird gestöbert. Zuerst in der Blumenpracht des (3) Eden Flower Shop, dann im (4) Lemoni in mediterranem Schmuck, Mode und griechischen Leckereien. Den besten Sonnenplatz finden wir auf den Stufen vor der (5) Akademie der Bildenden Künste, und wenn sich der Hunger wieder meldet, schlendern wir für Halloumi-Wraps in die (6) Orange Box – lassen aber Platz für glutenfreie Zimtschnecken aus dem (7) Echt jetzt, wo wir direkt noch ein frisches Krustenbrot einpacken. Zeit für Kultur! Die gönnen wir uns bei Bauhaus bis Pop-Art in der (8) Pinakothek der Moderne, und wenn der Abend anbricht, freuen wir uns auf Abendsonne und gute (Berg-)Aussichten auf der Dachterrasse der TU im (9) Café im Vorhoelzer Forum. Für den zweiten Kulturboost schauen wir einen Film im über hundert Jahre alten (10) Studio Isabella und bestellen uns zum Abschluss einen Absacker im (11) Kleinen Kranich direkt nebenan.

VIERTEL

Stabiles Frühstück, kreatives Chaos und gemütliche Fensterbänke im Sobicocoa 🔳 cafe.sobicocoa, www.cafesobi.de

Blümchen kaufen im Eden Flower Shop 🔳 edenmunichflowershop

In der Georgenstraße eine Retro-Tankstelle und prunkvolle Bauten bewundern

Vor der Akademie der Bildenden Künste die Nase in die Sonne halten und ein bisschen Künstlerflair schnuppern

Shoppen mit mediterranem Flair im Lemoni 🔳 lemoni_store, www.lemoni-shop.com

Sich mit Halloumi-Wrap und Glasnudelsalat
in der Orange Box stärken
orangebox_muenchen, www.orangebox-
muenchen.de

Kunst, Grafik, Architektur und Design in der
Pinakothek der Moderne entdecken
pinakothekdermoderne,
www.pinakothek-der-moderne.de

Glutenfreie Gaumenfreuden im Echt
jetzt schnabulieren
echtjetzt_echtjetzt, www.echt-
jetzt-echtjetzt.de

Bergpanorama und Spritz im Café
im Vorhoelzer Forum

Mit Bier und Brotzeit im Kleinen Kranich versacken
kleinerkranich, www.derkleinekranich.de

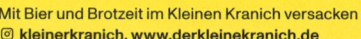

Charmante Filmkunst seit 1919 im
Studio Isabella
www.studio-isabella.com

V
I
E
R
T
E
L

# Flaniervergnügen
## Glockenbach

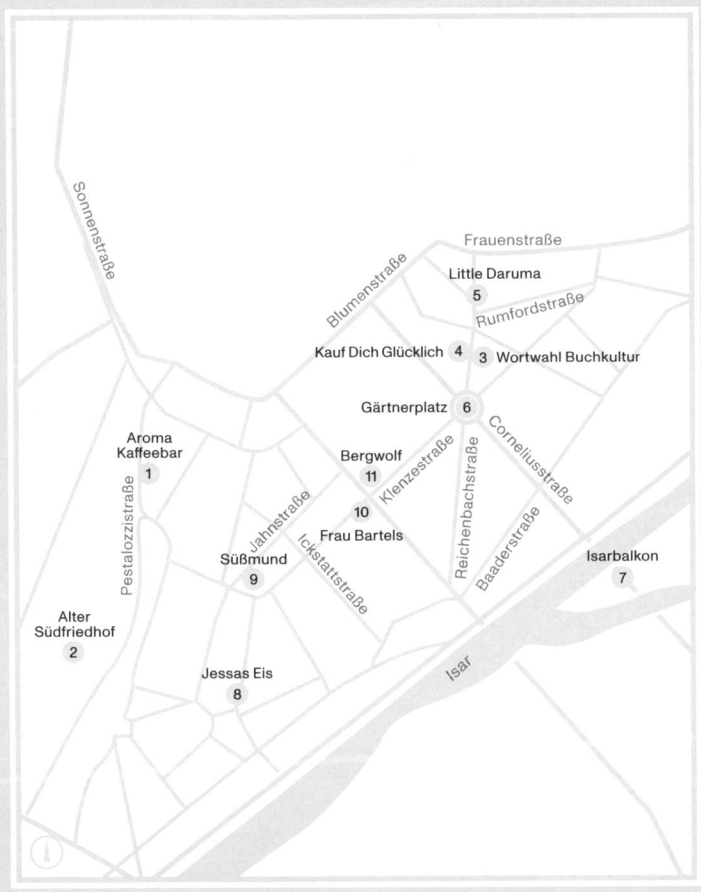

1 Aroma Kaffeebar, Pestalozzistraße 24
2 Alter Südfriedhof, Thalkirchner Straße 17
3 Wortwahl Buchkultur, Reichenbachstraße 15
4 Kauf Dich Glücklich, Reichenbachstraße 14
5 Little Daruma, Rumfordstraße 7
6 Gärtnerplatz
7 Isarbalkon, Corneliusbrücke
8 Jessas Eis, Klenzestraße 97
9 Süßmund, Westermühlstraße 13
10 Frau Bartels, Klenzestraße 51
11 Bergwolf, Fraunhoferstraße 17
**Glockenbach 80469/80337**

## Glockenbach

Ja, die wilden Zeiten sind vorbei. Doch das Glockenbach lebt noch heute von coolen Gastros sowie kleinen Läden und ist und bleibt Zentrum der LGBTQI*-Szene. Morgens starten wir mit Pausenbroten und Milchreis in der (1) Aroma Kaffeebar. Danach suchen wir Ruhe und berühmte Münchner Namen auf dem (2) Alten Südfriedhof. Weiter geht's im (3) Wortwahl Buchkultur, wo wir stundenlang durch Bildbände und Kochbücher stöbern könnten. Die volle Ladung lässiger Mode und Einrichtung gibt's gegenüber bei (4) Kauf Dich Glücklich. Im (5) Little Daruma holen wir uns Sushi auf die Hand und steuern den (6) Gärtnerplatz an, auf dem gefühlt Tag und Nacht kollektiv gecornert wird. Unsere Flanierbeine lockern wir bei einem Päuschen mit Aussicht auf dem (7) Isarbalkon der Corneliusbrücke, bevor wir mit einer Kugel Kokoseis von (8) Jessas die Klenzestraße entlangschlendern. Sie führt uns zum Abendessen ins (9) Süßmund, wo uns selbst gezogenes Gemüse, krasse Schnitzel und kaltes Bier im Tonkrügen locken. Danach ist Zeit für den ein oder anderen Blueberry Mint Smash bei (10) Frau Bartels, bevor der Abend mit einem München-Klassiker endet: Mitternachtscurrywurst im (11) Bergwolf!

VIERTEL

Pausenbrote, hausgemachte Limo und integrierter Krämerladen in der Aroma Kaffeebar
@ aroma_kaffeebar_muenchen,
www.aromakaffeebar.com

Über den Alten Südfriedhof spazieren und Münchner Berühmtheiten besuchen

Wortwahl Buchkultur: der schönste Buchladen der Stadt
@ wortwahl.buchkultur, www.wort-wahl.net

Ein kleines Stück Japan mit Temaki auf die Hand aus dem Little Daruma
@ little.daruma, www.littledaruma.de

Besondere Mode, Keramik und Home Accessoires shoppen im Kauf Dich Glücklich @ kaufdichgluecklich,
www.kaufdichgluecklich-shop.de/muenchen

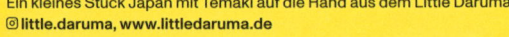

In Ruhe Bier trinken, Aussicht genießen und heimlich knutschen auf dem Isarbalkon

In lauen Sommernächten am Gärtnerplatz cornern

Gelato aus dem Hause Ballabeni – unser Jessas-Favorit: Schoko-Ingwer
jessaseis, www.jessaseis.de

Wildkräuter, Wein und Wiener Schnitzel: alles hausgemacht im Süßmund
suessmund, www.suessmund.de

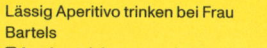

Lässig Aperitivo trinken bei Frau Bartels
fraubartelsbar, www.fraubartels.ds

Auf einen Mitternachtssnack mit Curry- oder Veggiewurst und Pommes ins Bergwolf

VIERTEL

# Flaniervergnügen
## Au-Haidhausen

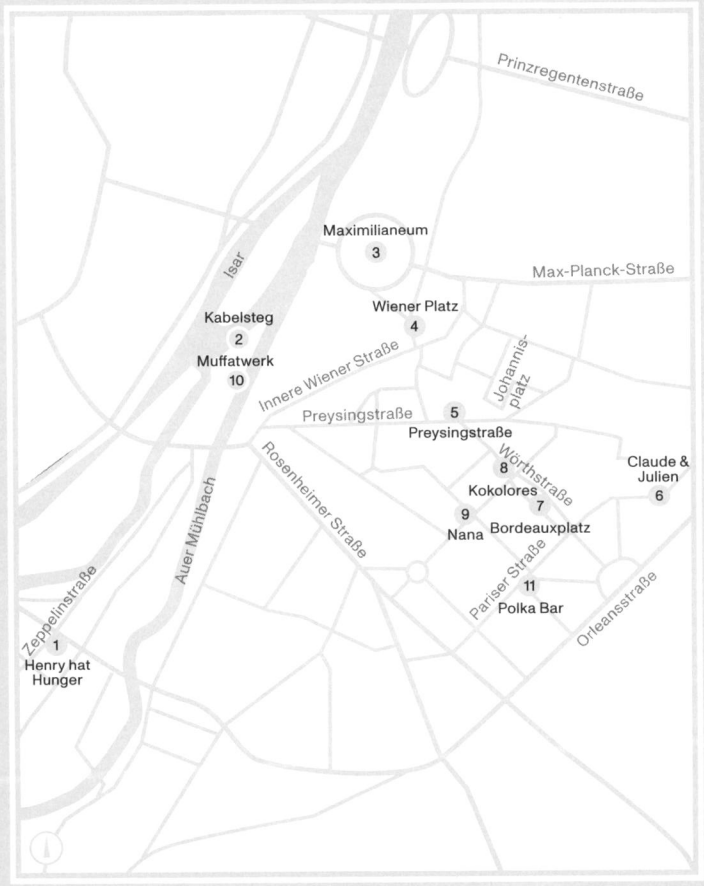

1 Henry hat Hunger, Zeppelinstraße 27
2 Kabelsteg
3 Maximilianeum, Max-Planck-Straße 1
4 Wiener Platz, Innere Wiener Straße 19
5 Preysingstraße
6 Claude & Julien, Elsässer Straße 25
7 Bordeauxplatz, Wörthstraße 31
8 Kokolores, Wörthstraße 8
9 Nana, Metzstraße 15
10 Muffatwerk, Zellstraße 4
11 Polka Bar, Pariser Straße 38
**Au-Haidhausen 81541/81675/81667**

## Au-Haidhausen

Ach, du wunderschönes Haidhausen. Ach, du idyllische Au. Los geht die vergnügte Tour mit feinem Frühstück im (1) Henry hat Hunger, dem wohl kleinsten Café Münchens. Gestärkt spazieren wir entlang der Isar bis zum (2) Kabelsteg, halten die Füße ins Wasser und kaufen ein paar Himbeeren am Standl. Weiter geht's zwischen Isar und Auer Mühlbach bis zum imposanten (3) Maximilianeum. Bergauf laufen wir zur puren Bauerndorfidylle zwischen Marktständen und Kastanien – hallo (4) Wiener Platz! Die Flanierlaune führt uns weiter in die (5) Preysingstraße, in der sich die Welt mit Kopfsteinpflaster, Handwerkerhäuschen und Wimpelketten ganz schön in Ordnung anfühlt. Mitten im Franzosenviertel gelandet, futtern wir buttrig-süße Pains au chocolat aus dem (6) Claude & Julien und spielen eine Runde Schach zwischen Tulpen am (7) Bordeauxplatz. Bevor wir uns am Abend israelischen Köstlichkeiten im (9) Nana widmen, ergattern wir noch ein paar schöne Geschenke für unsere Liebsten oder uns selbst im (8) Kokolores. Nach dem ein oder anderen Arak schwenken wir die Feuerzeuge bei einem Konzert im (10) Muffatwerk und lassen den glückseligen Tag mit Gin Tonic in der (11) Polka Bar ausklingen.

VIERTEL

Im kleinen und feinen Henry hat Hunger in den Tag starten 📷 **henryhathunger,** **www.henryhathunger.de**

Dem Rauschen der Isar am Kabelsteg lauschen und am Kiesstrand baden gehen

Dorffeeling unter Kastanienbäumen am Wiener Platz

Die Münchner Version der Akropolis am Maximilianeum entdecken

Landidylle mit Kopfsteinpflaster und Wimpelketten in der Preysingstraße

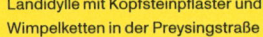

Sich mit Pains au chocolat, Brioches und Macarons im Claude & Julien in die Bretagne träumen 📷 **claudeetjulien**

Wie Gott in Frankreich am Bordeauxplatz verweilen

Allerlei Krimskrams, Schreibwaren und kleine Geschenke im Kokolores finden
kokolores_muenchen, www.kokolores-muenchen.de

Das Muffatwerk: vielfältige Konzerte, Kulturprogramm und Biobiergarten
muffatwerk, www.muffatwerk.de

Sich grünes Shakshuka, hausgemachte Meze und einen bis elf Arak im Nana gönnen
nana_muenchen, www.nana-muenchen.de

Im Gewölbekeller der Polka Bar die Zeit vergessen polkapolka38, www.polka-polka.de

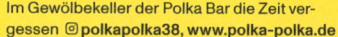

V
I
E
R
T
E
L

# Flaniervergnügen
## Giesing

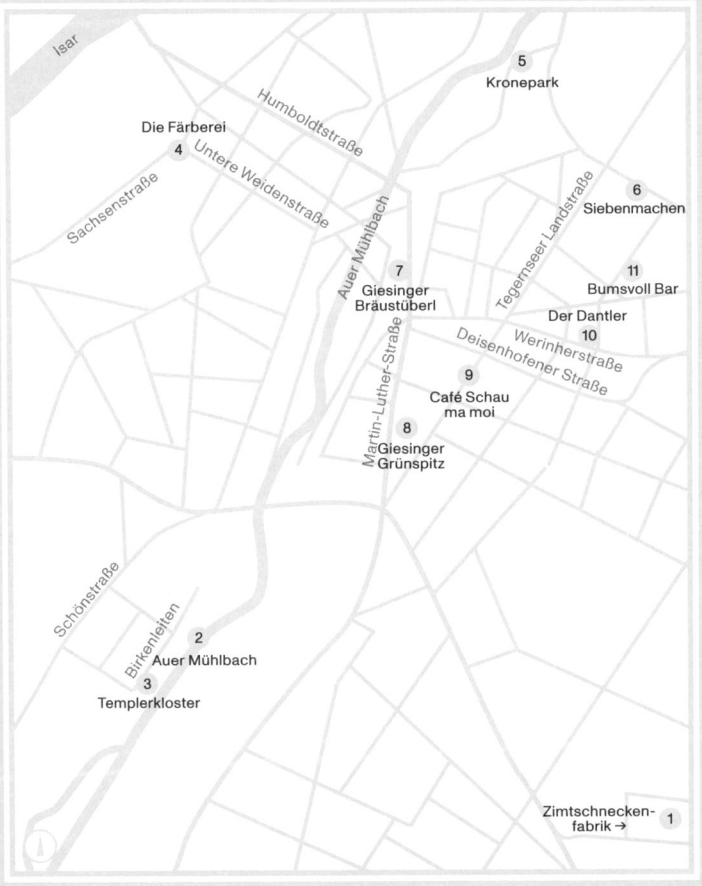

1 Zimtschneckenfabrik, Chiemgaustraße 81
2 Auer Mühlbach
3 Templerkloster, Birkenleiten 35
4 Die Färberei, Claude-Lorrain-Straße 25
5 Kronepark, Nockherstraße 1
6 Siebenmachen, St.-Bonifatius-Straße 20
7 Giesinger Bräustüberl, Martin-Luther-Straße 2
8 Giesinger Grünspitz, Tegernseer Landstraße 104
9 Café Schau ma moi, Tegernseer Landstraße 82
10 Der Dantler, Werinherstraße 15
11 Bumsvoll Bar, Zugspitzstraße 19
**Giesing 81539/81541/81543**

## Giesing

Giesing – wo die Boazn urig, das Bier billig und die Bewohner*innen echt sind. Bewaffnet mit frischem Zimtgebäck aus der (1) Zimtschneckenfabrik schlendern wir den malerischen (2) Auer Mühlbach entlang. Sobald die märchenhaften Türme des (3) Templerklosters in unser Blickfeld kommen, fühlen wir uns ganz weit weg vom Alltag. Verzaubert taumeln wir weiter in einen versteckten Hinterhof, wo wir Kunst junger Münchner*innen in der (4) Färberei entdecken. Nach einem Mittagsschlaf im (5) Kronepark stöbern wir im Galerieladen (6) Siebenmachen durch Produkte kleiner Designer- und Künstler*innen und bestellen Craftbier und Brotzeit gegen Bierdurst und Flanierhunger im (7) Giesinger Bräustüberl. Danach schauen wir am (8) Giesinger Grünspitz vorbei, denn im Gemeinschaftsgarten ist immer was los. Am frühen Abend trinken wir Klosterbier im schnuckeligen Biergarten vom (9) Schau ma moi und lassen uns kreative, nachhaltige Küche im bayerischen Deli (10) Der Dantler schmecken. Wir folgen dem Ruf der Boazn-Sirene und verhocken den Abend im Giesing-Style bei Rüscherl und Ratsch mit Stammgästen im (11) Bumsvoll.

VIERTEL

Ruhe und Dorfidylle pur beim Spaziergang am Auer Mühlbach

Zimtschnecken zum Frühstück aus der Backstube der grandiosen Zimtschneckenfabrik
⊙ _zimtschneckenfabrik_, www.zimtschneckenfabrik.de

Ausstellungen junger Münchner*innen, offene Werkstätten und Siebdruckworkshops
⊙ faerberei_koesk, www.diefaerberei.de

Das Templerkloster bewundern: Die Nonnen und Mönche verteilen hier täglich Lebensmittel an Bedürftige
www.ordendertempler.de

Besondere Einzelstücke von Künstler- und Designer*innen im Galerieladen Siebenmachen
⊙ siebenmachen.galerieladen, www.siebenmachen.de

Die Ruhe und Aussicht im Kronepark in der Sonne genießen

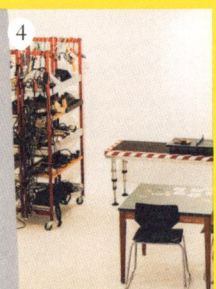

Gemeinschaftsprojekt mit Urban Gardening, Kiosk und buntem Programm
◎ **kioskamgruenspitz**

Geht immer: Craftbier und bayerische Küche im Giesinger Bräustüberl
◎ **giesingerbraeu,**
**www.giesinger-braeu.de**

Klosterbier im heimeligen, zugewachsenen Minibiergarten vom Schau ma moi trinken
**www.cafeschaumamoi.de**

Im bayerischen Deli Der Dantler Giesinger Ramen und Pastrami-Sandwiches futtern
◎ **der_dantler, www.derdantler.de**

In der urigen Bumsvoll-Boazn Rüscherl und Isarwasser bestellen
◎ **bumsvoll**

V
I
E
R
T
E
L

WAS MÜNCHNER*INNEN AM
WOCHENENDE WIRKLICH MACHEN

SCHWABING
VERLÄNGERTES WOCHENENDE IM OMAN

SENDLING
VERLÄNGERTES WOCHENENDE BEI OMA

NEUHAUSEN
VERLÄNGERTES WOCHENENDE BEI OBI

HAIDHAUSEN
MIT PAULINE IN DER KRAXE AUF DEN HERZOGSTAND

GIESING
MIT BENGALOS IN DER TASCHE AUF DIE SECHZGER-TRIBÜNE

MAXVORSTADT
FÜR DIE COMMUNITY INSTA-CONTENT CREATEN

GLOCKENBACH
BEIM BIKRAM-YOGA INS SCHWITZEN KOMMEN

PASING
WEGEN STAMMSTRECKENSPERRUNG INS SCHWITZEN KOMMEN

WESTEND
ENTGEGEN ALLER GERÜCHTE ÜBERHAUPT NICHT KOMMEN

GRÜNWALD
MIT SCHAMPUS UND CAYENNE NACH KITZBÜHEL

HASENBERGL
MIT SHISHA UND CHAYENNE AUF DEN OLYBERG

# Ausflug

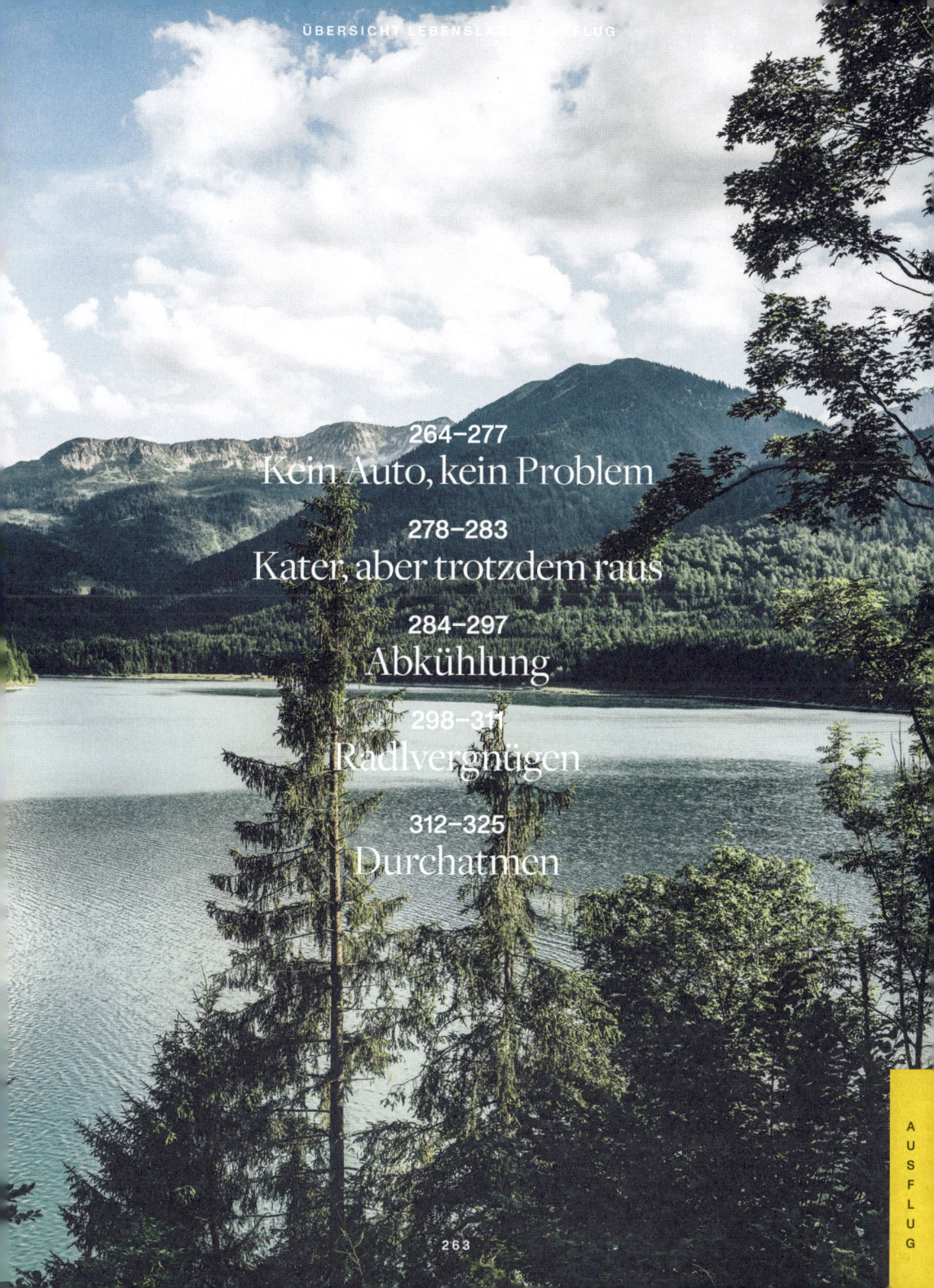

AUSFLUG

# Kein Auto, kein Problem

Es ist ein ewiges Spiel: Ständig schwärmen wir von Münchens schönem Umland und der Nähe zu den Bergen, und am Ende haben wir tausend Ausreden, warum es dieses Wochenende wieder nicht geklappt hat. Nach diesem Kapitel darf eine Paradeausflucht nicht mehr gelten, denn für den Abstecher ins Umland braucht es alles – bloß kein Auto.

Wandern, baden, einkehren und abschalten gehen ganz easy auch mit Bus, Bahn und dem Radl. Extra Goodie: Das zweite Weißbier auf der Hütte ist kein Problem und mit der Sonntagabendparkplatzsuche können sich andere rumschlagen.

A–Z
1   Altherrenweg
2   Ammersee + Bayrische Brandung
3   Buchheim Museum der Phantasie
4   Ebersberger Forst
5   Großer Ahornboden
6   Landsberg am Lech
7   Mangfallblau + Tegernseer Höhenweg
8   Pupplinger Au
9   Schliersee + SLYRS Destillerie
10  SUP-Club Starnberg
11  Wendelstein

AUSFLUG

Altherrenweg

# Viel Aussicht, wenig Aufwand: gemütlich unterwegs

Garmisch-Partenkirchen

82487 Oberammergau

Wandern muss nicht immer heißen, dass ihr euch steile Berge hochquälen müsst. Für echte Genusswander*innen, die auf sanfte Steigungen stehen, aber nicht auf die tolle Aussicht verzichten wollen, ist der Altherrenweg im Naturpark Ammergauer Alpen definitiv der „Way to go". Der entspannte Rundweg führt euch auf breiten Wegen von Oberammergau in einem gemütlichen Bergauf und Bergab bis nach Unterammergau und wieder zurück.

Unterwegs habt ihr einen wunderbaren Blick auf die Ortschaften, die umliegende Natur wie die Moorlandschaft Pulvermoos und natürlich die vielen Gipfel, darunter den markanten Kofel, den Hausberg von Oberammergau.

Tipp

Stärkung in Form eines Brotzeitbretts gibt's auf der Romanshöhe.

Ammersee + Bayrische Brandung

# Über den See schippern und Radler in der Abendsonne trinken

Starnberg
**Summerstraße, 82211 Herrsching am Ammersee**

Mit dem Dampfer über den Ammersee schippern klingt nach Rentnervergnügen? Mag sein, wir würden aus dem spontanen Ausflug aber am liebsten einen wöchentlichen Jour fixe machen. Mit der S-Bahn seid ihr in einer knappen Stunde in Herrsching. Es folgt ein kleiner Spaziergang bis zum Hafen, von dem Schiffe an die verschiedenen Ammerseeufer aufbrechen. Zum Beispiel nach Dießen, wo ihr durch den Schacky-Park flanieren und abschalten könnt.

Zurück in Herrsching solltet ihr genug Zeit für einen Spaziergang entlang der Promenade und für einen obligatorischen Sundowner im legendären Kiosk Bayrische Brandung einplanen.

**Tipp**

Haltet Ausschau nach den jüngeren Schwestern der Alten Utting, die früher auch über den Ammersee geschippert ist.

AUSFLUG

Buchheim Museum der Phantasie

## Natur, Kunst und Architektur
## am Starnberger See

Weilheim-Schongau
Am Hirschgarten 1, 82347 Bernried am Starnberger See

Ganz ehrlich: Wir denken beim Starnberger See in erster Linie an Spritz trinken mit grandioser Aussicht. Dabei gibt's hier mit dem Buchheim Museum der Phantasie eine echte Kulturperle. Mit Bahn und Bus seid ihr in einer Stunde in Bernried und könnt eintauchen in eine farbenfrohe Mischung aus expressionistischer Kunst, moderner Architektur und Natur. Schon auf dem Weg zum Museum kommt ihr an Teichen, Pagoden und Skulpturen von weißen Hirschen vorbei.

Und auch sonst lohnt sich der Spaziergang am Ufer entlang, zum Beispiel zum Schloss Höhenried. Bei gutem Wetter natürlich alles inklusive Alpenpanorama.

@buchheimmuseum
www.buchheimmuseum.de

Ebersberger Forst

# Waldbaden und Schwammerl sammeln

Ebersberg
85661 Ebersberger Forst

Der Ebersberger Forst ist der perfekte Wald für ein gepflegtes Natur-
erlebnis abseits von Straßenlärm und Stadttrubel. Nur 25 Kilometer
vom Stadtzentrum entfernt wartet hier nämlich das größte zusammen-
hängende Waldgebiet rund um München. Obendrein findet ihr auf
idyllischen Waldwegen auch noch reichlich Schwammerl, und wenn
ihr Glück habt, begegnen euch auf dem Walderlebnispfad Rehe.
      Von der S-Bahn könnt ihr entweder mit dem Bus zum Forst
fahren oder ihr lauft in etwa einer Stunde mitten rein in das Waldgebiet – auf dem Weg bietet sich dann noch ein kleiner Abstecher zum
Egglburger See an.

www.ebersberger-forst.com

Tipp
Lasst euch auf dem Rückweg am Aussichtsturm Ebersberg noch eine
Runde den Wind um die Nase wehen!

AUSFLUG

Großer Ahornboden

# Indian-Summer-Feeling
# und Grenzüberschreitung

Österreich

Risstal Landesstraße, 6215 Eng, Österreich

Die Isar in München ist schön, richtig. Aber das ist nicht die ganze Wahrheit, denn im Karwendelgebirge, wo sie entspringt – ja, die Isar ist Tirolerin – verzaubert nicht nur unser schönster Fluss. Da gibt es auch den Rißbach, der euch den Weg zu einem der besondersten Flecken überhaupt zeigt: dem Großen Ahornboden.

Bei den unnzähligen Bergahornen, die teils über 600 Jahre alt sind, und dem wundervollen Blick aufs Karwendelgebirge müsst ihr Obacht geben, dass ihr vor lauter Schönheit nicht einfach umkippt. Die Anreise gelingt mit Zug und Bergsteigerbus und die Wandermöglichkeiten ab der Endstation Eng sind unzählig. Stärkung versprechen Engalm und bei genügend Zeit auch der frech gute Käsekuchen im Gasthof zur Post in Hinterriß.

www.ahornboden.com

Tipp

Ruhiger geht es am Kleinen Ahornboden zu, der nur zu Fuß oder per Rad erreichbar ist.

AUSFLUG

Landsberg am Lech

# Städtetrip mal anders in der oberbayerischen Kleinstadtidylle

Landsberg am Lech
86899 Landsberg am Lech

Euch zieht es ausflugstechnisch immer nur in den Süden der Stadt? Dann wird es Zeit euren Oberbayernhorizont zu erweitern, in den Zug zu steigen und in unter einer Stunde in Landsberg am Lech zu sein. Hier wartet dank farbenfroher Häuser, kleiner Cafés und dem rauschenden Lech die oberbayerische Kleinstadtidylle schlechthin.

Vollprofis nehmen ihr Fahrrad mit in den Zug, radeln entlang des Lechs gen Süden und kehren im Restaurant Teufelsküche für Knödel und Käsespätzle ein – aber nicht ohne einen Abstecher zum nahen Stauweiher zu machen, der euch mit knalltürkisem Wasser aus den Latschen haut.

www.landsberg.de

Tipp

Sonnencreme nicht vergessen: Landsberg am Lech gehört zu den sonnigsten Städten Deutschlands.

Mangfallblau + Tegernseer Höhenweg

## Flaniervergnügen und Frühstück in der Papierfabrik am Tegernsee

Miesbach
Mangfallstraße 5, 83703 Gmund am Tegernsee

Tegernsee geht immer, wobei unser perfekter Samstagsplan wie folgt aussieht: Morgens in den Zug hüpfen, in Gmund aussteigen und den ersten Stopp des Tages im wunderschönen Mangfallblau einlegen. Im Restaurant der Papierfabrik Gmund frühstücken wir bunte Bowls, Röstbrote und vegane Kuchen. Im hauseigenen Laden stöbern wir durch die schönste Papeterie und wenn uns der Sinn nach einer leichten Wanderung steht, machen wir uns auf den Weg in Richtung Süden.

Entlang des Tegernseer Höhenwegs genießen wir die besten Aussichten auf den See und steigen am Bahnhof Tegernsee glücklich in den Zug nach Hause.

@mangfallblau.fabrikrestaurant
www.mangfallblau.com

Tipp
Im Mangfallblau ist fast alles vegetarisch, vieles sogar vegan!

A
U
S
F
L
U
G

Pupplinger Au

# Auf schmalen Pfaden den verwunschenen Auwald erkunden

Bad Tölz-Wolfratshausen
82538 Pupplinger Au

Hände hoch und Buch fallen lassen, wer die Pupplinger Au kennt – und zwar zu jeder Jahreszeit. Das wunderschöne Naturschutzgebiet ist trotz der Nähe zur Stadt überraschend unbekannt. Der verwunschene Auwald erstreckt sich hauptsächlich entlang des rechten Isarufers auf Höhe von Wolfratshausen. Von hier könnt ihr flussabwärts auf verschlungenen Pfaden die Landschaft erkunden, und es ist so: Alle Wege führen an die Isar und nach jeder Ecke kann es sein, dass ihr euch erneut schockverliebt.

Traut euch auch im Herbst hierher, dann werdet ihr mit dem schönsten Licht belohnt. Immer an eurer Seite, egal, wie weit ihr wandert: die S7, die euch bequem zurück in die Stadt befördert.

Schliersee + SLYRS Destillerie

## Wilde Mischung: um den See spazieren, Boot fahren und Whiskey trinken

Miesbach
Bayrischzeller Straße 13, 83727 Schliersee

Der Tegernsee ist euch zu viel Klischee? Dann fahrt doch in der gleichen Zeit zum ruhigeren kleinen Bruder, dem Schliersee. Wir machen das am liebsten so: mit dem Zug bis Schliersee und am Ostufer entlang bis an den südlichsten Zipfel in Fischhausen. Hier könnt ihr euch ein Boot mieten, ein bisschen rumschippern und im Anschluss solltet ihr bei SLYRS einkehren.

Abgesehen von hausgebranntem Single Malt versorgt euch das Café mit einer großen Frühstücksvielfalt, Brotzeitbrettln, gegrillten Vinschgerln und mehr. Danach könnt ihr direkt in den Zug hüpfen oder am anderen Ufer zurück nach Schliersee spazieren.

@slyrswhisky
www.slyrs.com

AUSFLUG

SUP-Club Starnberg

## Baden, sonnen, paddeln und Yoga auf dem SUP-Board

Starnberg
**Strandbadstraße 17, 82319 Starnberg**

Weil wir für unseren perfekten Tag am See manchmal ein bisschen mehr Action brauchen als das halbstündliche Wendemanöver auf dem Handtuch, düsen wir gerne ins Starnberger Strandbad. Geheimtipp ist das zwar keiner, aber dafür könnt ihr euch im SUP-Club Boards ausleihen und eine Runde über den See paddeln, die Aussicht genießen und überschüssige Energie loswerden. Außerdem gibt es verschiedene Kurse und sogar SUP-Yoga.

Am besten reserviert ihr eure Boards schon vorher online – dann bekommt ihr auch 20 Prozent Rabatt auf den Strandbadeintritt!

@supclubstarnberg
www.sup-club.bayern

Wendelstein

# Bombastische Aussicht und nostalgische Zahnradbahn

Rosenheim

Sudelfeldstraße 106, 83098 Brannenburg

Es gibt ein paar Klassiker in den Bayerischen Alpen, die muss man zumindest einmal erlebt haben. Der Wendelstein gehört definitiv dazu, auch wenn ihr hier kaum einsame Pfade finden werdet. Dafür wird der etwa zweieinhalbstündige Aufstieg mit einem bombastischen Bergpanorama von der Kampenwand übers Kaisergebirge und das Karwendel bis hin zur Zugspitze belohnt.

Zur Einkehr lädt unterwegs das Bergcafé Siglhof oder das Wendelsteinhaus ein, und wenn ihr keine Lust habt bergab zu laufen, dann gönnt euch eine Fahrt mit der nostalgischen Zahnradbahn.

www.wendelsteinbahn.de

Tipp

Ladet euch vorher eine Gipfel-App runter, um das Panorama voll auszukosten.

AUSFLUG

# Kater, aber trotzdem raus

Manchmal wissen wir nicht, was uns an einem echten Fetzenkater mehr quält: der Brand, der pochende Kopf oder das schlechte Gewissen, dass der ganze Tag für unseren Katzenjammer draufgeht? Wenn der Weg zum Kühlschrank schon schmerzt, ist an einen Ausflug nicht zu denken. Doch die Erfahrung der Jahre hat gezeigt: Erst Reparaturspezi und Frischluftwatschn wirken Wunder.

    Wie gut, dass uns hier die viel gelobte Nähe zu Bergen, Seen und sonstiger schöner Landschaft in die Karten spielt. Muss ja nicht unbedingt wandern sein, das Brunchbuffet im Nachbarkaff zählt auch als Ausflug!

AUSFLUG

### 3 GUT AIDERBICHL

Tiere streicheln ist immer gut. Auf jeden Fall besser als Katzenvideos im Bett, denn mit dem Gnadenhofbesuch unterstützt ihr gerettete Tiere – von der kleinwüchsigen Kuh bis zum Riesenschwein.
⊙ gut_aiderbichl_official,
www.gut-aiderbichl.com

### 1 BÜFFELHOF BEUERBACH

Eine Stunde von München entfernt warten nicht nur junge, wilde Wasserbüffel, sondern auch junge, wilde Köch*innen. Die verjagen euren Kater mit lokaler, saisonaler und kreativer Küche!
⊙ bueffelhof_beuerbach,
www.bueffelhof-beuerbach.de

### 2 FEINKOCHWERK EATERY

Dieser kulinarische Katerausflug führt zum Pilsensee. In der alten Bahnhofshalle retten frische Pasta, Bowls, Burrata, Bärlauchrisotto sowie Zimtschnecken und Kuchen euren Tag.
⊙ feinkochwerkeatery, www.feinkochwerk-eatery.de

## 4 KRISTALL THERME KOCHEL AM SEE

Gotta love it. Wir sind allein vom Anblick schon geheilt. Wenn ihr mehr Zuwendung braucht, dann ab in die Kristall Therme zum Saunieren und dank Kopfsprung in den kalten See endlich wieder klarkommen.
ⓞ kristall_therme_kochel, www.kristall-trimini.de

## 5 KUHFLUCHTWASSERFÄLLE

Fahrt nach Farchant bei Garmisch, spaziert zu den 270 Meter hohen Wasserfällen, lauscht dem Rauschen und wenn der Kater tief sitzt, haltet einfach eure Birne ins eiskalte Wasser. ⓞ kuhfluchtwasserfaelle, www.kuhflucht.de

1  **Büffelhof Beuerbach** Benediktstraße 4, 86947 Weil
2  **Feinkochwerk Eatery** Bahnhofstraße 4, 82229 Seefeld
3  **Gut Aiderbichl** Osterseehof 1, 82393 Iffeldorf
4  **Kristall Therme Kochel am See** Seeweg 2, 82431 Kochel am See
5  **Kuhfluchtwasserfälle** Kuhfluchtweg, 82490 Farchant

AUSFLUG

### 6 LABER

Perfekter schneller Ausflug! Die Laberbergbahn tuckert gemütlich den Berg hoch und ihr könnt fast bis nach München schauen. Im Sommer immer donnerstags sogar bis nach Sonnenuntergang!
www.laber-bergbahn.de

### 7 SAMSTAGSKINDER

Hippe Cafés gibt's nicht nur in München. Wenn ihr für die Katerpflege mit French Toast, Röstbrot und Schoko-Bananen-Milch nach Dachau statt ins Glockenbach fahrt, gilt das auch als Ausflug! ⓘ samstagskinder, www.samstagskinder.com

### 8 SCHWARZENBERG

Optimale Wanderung, wenn euch das schlechte Gewissen plagt. Hier geht's easy nach oben, die Aussicht reicht für hundert Insta-Likes und zum Abschluss heißt es: Torten futtern im Café Winklstüberl!
ⓘ cafe_winklstueberl, www.winklstueberl.de

## 10 WÖRTHSEE

Mit der S8 nach Steinebach, Boot
ausleihen im Strandbad Raabe,
Füße ins Wasser hängen und
einfach nur mal sein. So einfach
geht der Katertag. Reparaturspezi
holen wir uns im El Kiosko.
🅞 strandbad_raabe,
www.strandbadraabe.de

## 9 SONNTRATN

Nur 400 Höhenmeter braucht's,
bis ihr in der Gipfelwiese chillen und
vom Sylvensteinspeicher bis nach
München schauen könnt. Super auch
als Feierabendtour – die Konterhalbe
gibt's in der Draxlalm.
www.draxl-alm.de

## 11 ZAPFEREI WAAKIRCHEN

Ist der Kater gnädig oder ihr sehr stark,
dann sehen wir uns bei Hoppebräu!
Schaut beim Brauen zu, fläzt im Liege-
stuhl, bekämpft euer Leid mit Burgern
und traut euch vielleicht ans Probierbier.
🅞 zapferei, www.hoppebraeu.de/zapferei

6 **Laber** Ludwig-Lang-Straße 59, 82487 Oberammergau

7 **Samstagskinder** Wieningerstraße 3, 85221 Dachau

8 **Schwarzenberg** 83730 Fischbachau

9 **Sonntratn** 83674 Gaißach

10 **Wörthsee** 82237 Wörthsee

11 **Zapferei Waakirchen** Tölzer Straße 37, 83666 Waakirchen

AUSFLUG

283

# Abkühlung

Sommer in München. Das ist so, als ob man der ohnehin perfekten Sahnetorte noch ein bisschen Goldstaub hinzufügen würde – einfach, weil man es kann. Während sich die Menschen an der Reichenbachbrücke und am Schwabinger Bach stapeln, suchen wir jedes Jahr wieder nach neuen Plätzen und erfrischenden Seen, um uns die Hitze aus dem Hirn zu schwimmen.

In diesem Kapitel haben wir unser Best-of für euch zusammengestellt – vom versteckten Bergsee bis zum Isarklassiker. Noch mehr Inspiration gibt's in der „München Edition" von *Take Me to the Lakes*, in der ihr schöne Weiher und geheime Buchten findet, die Google Maps nur als blaue Flecken auf der Landkarte verzeichnet.

AUSFLUG

Barmsee

## Bergblick hoch drei
## in kristallklarem Wasser

Garmisch-Partenkirchen
82494 Krün

Karwendel, Estergebirge und Wettersteingebirge: Selbst wenn eure geografischen Kenntnisse beschränkt sein sollten, wird euch der Bergblick am Barmsee selig stimmen. Bester Plan: Auto am Parkplatz des Südufers abstellen und einen halbstündigen Waldspaziergang bis ans Nordufer machen. Hier gibt es eine Liegewiese und die schönsten Badestellen, um das kristallklare Wasser zu genießen.

Flaucher

## Grillen, baden, sonnen:
## renaturierte Isar at her best

Sendling
Isarauen, 81379 München

Dass der Flaucher eigentlich zu zentral ist für die Ausflugskategorie, wissen wir selbst, aber irgendwie fühlt es sich doch immer wie Urlaub und damit auch wie Ausflug an. Hier zeigt sich die renaturierte Isar von ihrer schönsten Seite und bringt die verschiedensten Münchner*innen zusammen – vom Profigriller über die Sonnenanbeterin bis zu den obligatorischen Nackerten: Am Flaucher sind sie alle gleich.

Irgendwie findet man immer noch ein ruhiges Plätzchen und wenn die Lust nach Einkehr steht, dann helfen Schinderstadl und der wunderbare Kiosk 1917 weiter.

AUSFLUG

Grubsee

# Unser Seegeheimtipp mit Wasserrutsche, Sprungbrett und Kinderbecken

*Garmisch-Partenkirchen*
**Grubsee, 82494 Krün**

Der kleine Grubsee fällt für Münchner\*innen definitiv noch in die Kategorie Geheimtipp. Dabei locken hier ungewöhnliche Extras wie eine Wasserrutsche, ein Sprungbrett und sogar ein Kinderbecken. Wer den schönsten Ausblick will, sollte ans Nordufer fahren. Ein bisschen mehr Ruhe, auch an heißen Tagen, findet ihr am Westufer – dort könnt ihr am schönen Holzsteg eure Füße und die Seele baumeln lassen

@grubsee_kruen

Tipp

Den Grubsee haben wir bei unseren Freund\*innen von *Take Me to the Lakes* entdeckt. In ihrer „München Edition" empfehlen sie euch 50 tolle Seen und Unterkünfte im Umland!

Hintersee

# Die perfekte Alternative
# zum Tourimagnet

Berchtesgadener Land

**Hintersee, 83486 Ramsau bei Berchtesgaden**

Der Nummer-eins-Bergsee rund um Berchtesgaden ist mit Abstand der Königssee, aber ganz ehrlich: An einem sonnigen Tag ist der so überlaufen, als würde dort jemand kostenlose Mietverträge samt Freibier verteilen.

Eine schöne Alternative ist da auf jeden Fall der Hintersee. Wenn ihr euch also nicht mit beigen Rentner\*innenmassen um die besten Plätze streiten wollt, dann nehmt die 12 Kilometer Fahrt in Kauf und gönnt euch einen Spaziergang um oder eine Bootsfahrt auf dem Hintersee. Baden geht schon auch, doch das ist definitiv ein eiskaltes Vergnügen.

www.berchtesgaden.de/hintersee

AUSFLUG

Naturbad Maria Einsiedel

# Unter Wimpelketten im Naturschwimmbecken planschen

### Thalkirchen
#### Zentralländstraße 28, 81379 München

Für das Maria Einsiedel gilt Ähnliches wie für den Flaucher: Kein klassischer Ausflug, aber eben ein perfekter Ort zum Abkühlen. Im schönsten Freibad der Stadt planscht ihr unter Wimpelketten in zwei Naturschwimmbecken, die ganz ohne Chlor gereinigt werden, oder hüpft in den eiskalten Isarkanal, der ebenso durchs Bad fließt.

Auf der Liegewiese schaut ihr einfach den Wolken zu und für das After-Schwimmbad-Radler könnt ihr zum Beispiel zum Flaucher-standl spazieren und dann etwas weiter unten noch den Surfer*innen an der Floßlände zuschauen.

Spitzingsee

# In einem der größten Bergseen Bayerns baden

### Miesbach
**Valepperstraße, 83727 Schliersee**

Der Spitzingsee ist den meisten Münchner*innen bekannt – allerdings vom Skifahren. Dass man in diesem frischen Bergsee (maximal 18 Grad!) im Sommer auch hervorragend baden kann, wissen dagegen die wenigsten. Und dementsprechend wenige verirren sich an heißen Tagen hierher. Der Spitzingsee ist mit seinen 28 Hektar übrigens einer der größten Bergseen in Bayern – und obwohl er auf 1.100 Metern Höhe liegt, kann man ihn auch gut mit dem Auto erreichen.

AUSFLUG

Steinsee

# Steg, Schaukel, warmes Wasser und textilfreie Zone am Ostufer

Ebersberg
Steinsee, 85665 Moosach

Der Steinsee hat alles, was ein wirklich guter See so braucht. Zum Beispiel Wasser. Genauer gesagt reines Quellwasser, das im Sommer schon mal die 26-Grad-Marke knackt und den Steinsee damit zu einem der wärmsten Seen Deutschlands macht. Ahoi, ihr Frostbeulen, nichts wie ab ins Strandbad am Nordufer.

Das Bad mit leichter Hanglage und vielen schattenspendenden Bäumen ist vor allem bei Familien beliebt. Wer es ein wenig ruhiger mag und auch mal gerne auf die Bademode verzichtet, der wird am südöstlichen Ufer des Sees fündig, wo schattige Badestellen mit Steg und Schwingschaukel auf euch warten.

Tipp
Abstecher zu den Herrmannsdorfer Landwerkstätten
(S. 318) nicht vergessen!

Stuibensee

## Absolute Ruhe finden auf knapp 2.000 Metern

### Garmisch-Partenkirchen
Stuibensee, 82467 Garmisch-Partenkirchen

Am Wochenende kann es rund um Garmisch schon mal richtig rund gehen. Da haben wir einen heißen (oder eher eiskalten) Tipp für euch, wenn ihr ein bisschen mehr Ruhe wollt. Packt euch eine gescheite Brotzeit ein, verlasst mal die großen Hauptwanderwege und macht euch auf den Weg zum Stuibensee. Der liegt auf 1.921 Metern und damit schon oberhalb der Baumgrenze.

Im Sommer teilt ihr den meisterlichen Ausblick nur mit ein paar Kühen und Schafen und nach dem Aufstieg habt ihr euch die Brotzeit auf jeden Fall verdient – Obacht, denn es gibt unterwegs keine bewirtschaftete Hütte!

Tüttensee

## Vom Waldrand in den See springen

Traunstein
Tüttenseealm 1, 83377 Vachendorf

Ja, wir lieben den Chiemsee, aber es muss ja nicht immer der große Klassiker sein. In der Nähe, eher versteckt, liegt der schöne Tüttensee. Der ist komplett von Bäumen umgeben und ihr könnt direkt vom weichen Waldboden ins Wasser hopsen.

Der See ist temperaturtechnisch übrigens perfekt für alle Frostbeulen, denn er gehört zu den wärmsten in Oberbayern. Einmal durch den See schwimmen schafft ihr hier auch als Nichtprofis, und wenn es danach ein kühles Bierli oder Radler zur Erfrischung gibt, ist wirklich alles gut.

@tuettensee_seebad
www.tuettensee-seebad.de

AUSFLUG

Weßlinger See

## Schöne Stege und Schwimminsel statt Starnberger See

Starnberg
Weßlinger See, 82234 Weßling

Ihr wollt ins Fünf-Seen-Land, habt aber keinen Bock auf Starnberger-See-Trubel? Dann auf zum vergleichsweise unbekannten Weßlinger See. Um den See führt ein zwei Kilometer langer Rundweg, die offiziellen Badestellen findet ihr am Ostufer. Schmeißt euch in die Wiese, macht es euch auf dem Steg gemütlich oder werft einen Blick auf die Villa Alzheimer, die nach dem gleichnamigen Mediziner benannt ist.

Im See lockt außerdem eine Schwimminsel, die ihr mit ein paar kräftigen Zügen leicht erreichen könnt.

Wolfratshausen

# Mit dem Schlauchboot die Isar runterschippern

Bad Tölz-Wolfratshausen
Marienbrücke, 82538 Pupplinger Au

Gegen mangelnde München-Faszination gibt es einige probate Heil-mittel (siehe vorherige Kapitel). Eins davon ist die gute alte Schlauch-boottour. Und die geht so: Man nehme eine Handvoll Freund*innen, ein Schlauchboot, genügend Proviant (keine Glasflaschen!) und begebe sich in die S-Bahn nach Wolfratshausen. Obacht, denn von dort schleppt ihr den Spaß gute 20 Minuten bis zur Isar. Vor euch liegt nun eine mehrstündige Bootstour, die mal gemächlich verläuft und mal ordentliche Paddelkünste verlangt.

Wer in Thalkirchen angekommen, die München-Liebe immer noch nicht versteht, dem können wir auch nicht helfen.

**Tipp**

Damit es hier entspannt bleibt, gebt bitte Acht auf die Umgebung, werft keinen Müll in den Fluss und haltet euch an die Regeln!

297

AUSFLUG

# Radlvergnügen

Es war einmal ein pfiffiger Marketingmensch, der dachte sich: „Hey, lass uns München doch einfach Radlhauptstadt nennen." Und ja, wenn man an der ein oder hundertsten Baustelle vorbeischaut und sich nicht über plötzlich endende Radwege wundert, dann hat München doch Potenzial für diesen Titel.

Im Gegensatz zur echten Hauptstadt gilt hier nämlich die ungeschriebene 20-Minuten-Regel, denn in dieser Zeit erreicht man mit dem Drahtesel gefühlt jedes spannende Eck der Stadt. Nimmt man sich mal ein paar Minuten mehr, können daraus echt schöne Radlausflüge werden.

A–Z
1   Amper
2   Fasaneriesee
3   Kiosk 1917
4   Kloster Schäftlarn
5   Kugler Alm
6   Perlacher Mugl
7   Pilsensee
8   Regattastrecke Oberschleißheim
9   Schloss Schleißheim
10  Weltwald Freising
11  Wildpark Poing

AUSFLUG

Amper

# Amper statt Isar im Nordwesten der Stadt

Dachau
Eschenrieder Straße 2, 85232 Bergkirchen

Für uns Münchner*innen ist die Isar die unangefochtene Königin der Flüsse – eh klar. Dabei sollten wir ab und zu mal die Isarbrille abnehmen, denn sonst verpassen wir all die schönen Flüsse, die im Münchner Umland auf uns warten. Diese wasserreiche Radltour startet ihr am Schloss Nymphenburg und tingelt in nordwestlicher Richtung circa eine Stunde am Olchinger See vorbei bis an die wunderschöne Amper, die hier durch einen idyllischen Auenwald fließt.

Am besten habt ihr eure Brotzeit dabei und kühlt euch bei der Pause die Füße im Fluss ab. Motivierte führt die Tour bis nach Dachau, wo euch die Samstagskinder mit stärkenden Leckereien empfangen!

Route
Start: Schloss Nymphenburg, Ziel: Samstagskinder, Dachau |
Dauer: ca. 1,5–2 Stunden | Strecke: ca. 30 Kilometer

Fasaneriesee

# Drei Seen auf einer Tour

Feldmoching-Hasenbergl
80995 München

Ihr wollt auf eurer Radltour nicht nur gemütlich von A nach B strampeln, sondern auch richtig was abhaken? Gut, dann schwingt euch aufs Radl und nichts wie ab Richtung Feldmoching. Auf dem Weg durch die Stadt könnt ihr euch gleich auf drei Seen freuen: den Lerchenauer See, den Fasaneriesee und den Feldmochinger See.

Wenn euch das nicht genügt in Sachen Wasser, schaut mal in den olympischen Radltipp und verlängert eure Tour bis zur Regatta-strecke. Wir plädieren aber für Pause machen und planschen gehen.

Route
Start: Königsplatz, Ziel: Feldmochinger See | Dauer: ca. 45 Minuten | Strecke: ca. 12 Kilometer

AUSFLUG

Kiosk 1917

# Von Radler zu Radler:
# die ultimative Kioskrunde

### Thalkirchen
#### Tierparkstraße 2, 81379 München

Unsere Stadt ist nicht unbedingt für ihre ausgeprägte Kioskkultur bekannt, doch für eine thematisch passende Radltour langt es allemal, und wenn man es richtig macht, kann man auch ganz im Mit Vergnügen-Style 11 Stopps einlegen – je nach Gusto und Zeit. Wir starten gerne mit Kaffee und Croissant bei Fräulein Müller in Schwabing und tingeln dann einfach durch den Englischen Garten und anschließend immer an der Isar entlang gen Süden.

Unterwegs empfangen uns alte Kioskfreunde wie das Fräulein Grüneis mit Bioradler, der gute alte Reichenbachkiosk, der Isarwahn mit Holler-Schorle, der Kiosk an der Braunauer Eisenbahnbrücke mit Eis, der wunderbare Kiosk 1917 mit erneutem Kaffee und zum krönenden Abschluss das Café Isarfräulein mit Radler, Schorle und hausgemachtem Kuchen.

ⓘ kiosk1917

Route

Start: Kiosk Fräulein Müller, Ziel: Isarfräulein | Dauer: ca. 1 Stunde | Strecke: ca. 14 Kilometer

Kloster Schäftlarn

# Von der Reichenbachbrücke zum Kloster Schäftlarn tingeln

Schäftlarn
Klosterstraße 2, 82067 Schäftlarn

Für diese Tour geht es eigentlich immer nur der Nase nach entlang der Isar. Los geht's mit einer Starterfrischung am Reichenbachkiosk. Danach müsst ihr euch nur noch für eine Isarseite entscheiden und fleißig in die Pedale treten – vorbei am Flaucher, am Tierpark und der Großhesseloher Brücke. Wir raten euch, spätestens an der Grünwalder Brücke ans Ostufer zu wechseln und am Mini-Brückenwirt zu pausieren.

Ab hier ist es am einfachsten, wenn ihr am Isarkanal entlangtingelt, bis das Kloster rechter Hand hinter den Bäumen auftaucht. Obligatorische Einkehr dann im Bruckenfischer oder im Klosterbiergarten selbst. Immer wichtig: Ab und zu die müden Radlfüße in die Isar halten. Zurück könnt ihr radeln oder mit der S-Bahn fahren. Aber Obacht: Zur Station geht's ziemlich steil bergauf!

www.abtei-schaeftlarn.de

Route
Start: Reichenbachkiosk, Ziel: Kloster Schäftlarn | Dauer: ca. 1 Stunde und 15 Minuten | Strecke: ca. 23 Kilometer einfach

AUSFLUG

Kugler Alm

# Der Legende von der Radlermaß auf den Grund gehen

Oberhaching
Linienstraße 93, 82041 Oberhaching

Wenn ein Radlziel nicht fehlen darf, dann ist das definitiv die Kugler Alm. Der großzügige Biergarten in Oberhaching ist seit Jahr und Tag beliebt bei Zweiradausflügler*innen – immerhin hielt sich auch lange die Legende, dass Wirt Franz Xaver Kugler hier 1922 die Radlermaß erfand. War am Ende zwar nur ein guter Werbegag, doch die idyllische Kugler Alm solltet ihr auf jeden Fall mal gesehen haben.

Von Giesing ist das eine flotte Tour, denn durch den Perlacher Forst braucht ihr nur eine gute halbe Stunde. Vor Ort warten gute Küche sowie ein riesiger Spielplatz, und besonders schön sind die verschiedenen Gärten, in denen nicht nur Rosensträucher, Heilkräuter und Obstbäume wachsen, sondern auch jede Menge Gemüse für die Küche der Kugler Alm.

@kugler_alm
www.kugleralm.de
Route
Start: Candidplatz, Ziel: Kugler Alm | Dauer: ca. 35 Minuten |
Strecke: ca. 9,5 Kilometer

AUSFLUG

Perlacher Mugl

# Zum Sonnenaufgang die Bergsehnsucht stillen

Harlaching
82041 Perlacher Forst

Wenn wir mal wieder genug haben von den immer gleichen Isar-wegen oder Streifzügen durch den Englischen Garten, begeben wir uns in den Perlacher Forst. Hier könnt ihr auf über 13 Quadrat-kilometern nicht nur richtig, richtig lange und richtig, richtig ruhige Spaziergänge machen, sondern auch super radeln und sogar die Bergsehnsucht stillen.

Der Perlacher Mugl liegt auf 587 Metern Höhe und ist damit zwar nur läppische 26 Meter höher als der restliche Forst, überrascht aber dennoch mit atemberaubendem Alpenpanorama – bei klarer Sicht vom Wendelstein bis zur Zugspitze. Besonders schön, wenn ihr es früh raus schafft: Sonnenaufgang über den Baumwipfeln genießen.

Route
Start: Maximilianeum, Ziel: Perlacher Mugl | Dauer: ca. 40 Minuten | Strecke: ca. 10 Kilometer

Pilsensee

# Rund um den See und in den Sonnenuntergang paddeln

### Starnberg
**Pilsensee, 82229 Seefeld**

Okay, alle kennen den Starnberger See und den Ammersee, aber das Gebiet heißt nicht umsonst Fünf-Seen-Land. Da gäbe es zum Beispiel noch den Pilsensee, den ihr auf einem 11 Kilometer langen Radlrund-weg von allen Seiten bewundern könnt. Dafür hüpft ihr am Hauptbahn-hof in die S-Bahn und steigt in Seefeld-Hechendorf aus. Dort fahrt ihr dann durch ufernahes Naturschutzgebiet und findet sowohl im Norden als auch im Osten immer wieder Strände und Plätze für Pausen.

Bevor ihr euch mit dem Rad wieder in die S-Bahn schwingt, könnt ihr den Tag auch noch bei einer Runde Stand-up-Paddling bei Bavarian Waters ausklingen lassen. Für uns ein wirklich perfekter Tag.

**Route**
Start: Hauptbahnhof, Ziel: Seefeld-Hechendorf | Dauer: ca. 45 Minuten |
Strecke: ca. 11 Kilometer

Regattastrecke Oberschleißheim

## Eine große olympische Runde drehen

Oberschleißheim
Dachauer Straße 35, 85764 Oberschleißheim

Die perfekte Route für alle Sportbegeisterten! Aber nicht, weil ihr euch verausgaben müsst, sondern weil ihr gleich mehrere olympische Austragungsorte zu Gesicht bekommt. Den Olympiaberg könnt ihr euch direkt zu Anfang gönnen und dann einfach runterrollen lassen und den Drive nutzen, um die etwa 10 Kilometer bis zur Regattastrecke in Oberschleißheim hinter euch zu bringen.

Auf der Strecke haben sich nicht nur 1972 die Ruderer und Kanut*innen gemessen, bis heute wird hier fleißig trainiert. Nebendran findet ihr den Regattasee, der im Sommer zum Abkühlen einlädt.

Route
Start: Olympiaturm, Ziel: Regattastrecke Oberschleißheim |
Dauer: ca. 35 Minuten | Strecke: ca. 11 Kilometer

Schloss Schleißheim

# Von Schwabing bis zum Schloss strampeln

Oberschleißheim
Schlossanlage Schleißheim, 85764 Oberschleißheim

Vergesst Schloss Nymphenburg mal für einen Moment und wandert mit dem Finger auf der Landkarte nach Norden. Dort warten mit der wundervollen Schloss- und Parkanlage in Schleißheim gleich zwei Schlösser   das alte und das neue. Der schöne Park erstreckt sich über drei Kilometer und endet mit dem Schlosskanal an einem Teich samt kleinem Lustschloss.

Aus Schwabing führt die Radlroute entlang einer der weniger sexy Nord-Süd-Verbindungen (z. B. der Knorrstraße), dann wird es an der Panzerwiese endlich grün und vorbei am Schleißheimer Flugplatz seid ihr schneller in der Schlossanlage, als ihr dachtet!

@schloesserschleissheim
www.schloesser-schleissheim.de

Route
Start: Münchner Freiheit, Ziel: Schloss Schleißheim |
Dauer: ca. 35 Minuten | Strecke: ca. 12 Kilometer

A U S F L U G

Weltwald Freising

# Eine Weltreise für einen Tag machen

**Freising**
Weltwald Freising, 85354 Freising

Weltreise geht nicht? Kein Problem, denn der Weltwald Freising bietet euch eine kleine Weltreise an nur einem Tag. Auf etwa hundert Hektar findet ihr hier Bäume und Sträucher aus verschiedensten Regionen von Europa über Nordamerika bis Asien. Außerdem gibt's auch viele schöne Plätzchen für ein Picknick, es lohnt sich also den ganzen Tag dort zu verbringen und durch die Wälder dieser Welt zu schlendern.

Die Fleißigen unter euch starten in der Stadt und radeln immer an der Isar entlang, bis kurz vor Freising der Schlenker nach links kommt. Wenn ihr weniger strampeln wollt, könnt ihr auch die S1 bis Neufahrn nehmen und dann gen Norden durch weite Felder in den Kranzberger Forst bis zum Weltwald radeln.

www.weltwald.de
Route
Start: Friedensengel, Ziel: Weltwald Freising | Dauer: ca. 2 Stunden | Strecke: ca. 38 Kilometer

Wildpark Poing

# Rehe füttern, Waschbären beobachten und nach Wölfen Ausschau halten

Ebersberg
Wildparkstraße 32, 85586 Poing

Wenn wir den öden Alltag hinter uns lassen und mal wieder Kind sein wollen, führt uns die Reise gerne in den Wildpark Poing. In gemütlichem Tempo starten wir am Isartor und radeln durch die Innenstadt und kleine Vororte dorthin, wo sich Luchs und Bär gute Nacht sagen. Dort angekommen ziehen wir uns statt Kippen lieber Wildtierfutter aus dem Automaten, und wenn uns dann Rehe und Mufflons auf die Pelle rücken, sind wir ganz entzückt – auch wenn klar ist, dass wir keine Wildtierflüster*innen sind, sondern nur den richtigen Stoff dabeihaben.

Bei den Waschbären finden wir unsere Spirit Animals, und vor lauter Luchsen, Hirschen, Eulen und Wildschweinen wissen wir gar nicht, wo wir zuerst hinschauen sollen. Zurück geht es übrigens problemlos mit der S-Bahn.

☉ wildparkpoing

www.wildpark-poing.de

Route

Start: Isartor, Ziel: Wildpark Poing | Dauer: ca. 1,5 Stunden |
Strecke: ca. 24 Kilometer

# Durchatmen

München schreibt sich ja auf allen Kanälen Gemütlichkeit auf die Fahnen. Solange wir den Sommer im Biergarten verhocken, können wir das definitiv unterschreiben. Aber Leute, wir bezeichnen uns nicht grundlos regelmäßig als die Hauptstadt des Hupens: Großstadttrubel und Stress gibt's auch im größten Dorf Deutschlands.

Was da hilft? Auf einsame Gipfel wandern, im Baumhaus schlafen, mit Lamas spazieren gehen oder einfach im hohen Gras liegen und die Wolken vorbeiziehen lassen. Die hupen nämlich nicht.

**A–Z**

1 Baumhaushotel Jetzendorf
2 Englischer Garten Nordteil
3 Forstenrieder Park
4 Herrmannsdorfer Landwerkstätten
5 Leonhardstein
6 Mangfall-Lamas
7 Murnauer Moos
8 Naturhotel Tannerhof
9 Osterseen
10 Sylvensteinspeicher
11 Wellnessgarten Waging

AUSFLUG

Baumhaushotel Jetzendorf

# In der See-Lodge oder im Schlaffass übernachten

Pfaffenhofen an der Ilm

Schulstraße 26, 85305 Jetzendorf

Urlaub in Jetzendorf. Klingt ehrlich gesagt nicht so spannend. Dabei werden hier eure wildesten Übernachtungsträume wahr. Baumhäuser, Schlaffässer, Lodges gleich am Wasser, und das Frühstück gibt's direkt vor die Tür geliefert. Frisch gestärkt könnt ihr im Natursee baden oder im Waldkletterpark Oberbayern kraxeln.

Unser persönliches Highlight: das Premiumbaumhaus mit hauseigenem Outdoor-Whirlpool, in dem ihr dann aber wirklich auch den letzten Stadtstress vergessen könnt.

@baumhaushotel_oberbayern

www.baumhaushotel-oberbayern.de

Englischer Garten Nordteil

## Im hohen Gras liegen und die Schafe beobachten

Oberföhring

Max-Halbe-Weg, 81925 München

Mit 375 Hektar ist der Englische Garten einer der größten Parks der Welt. Warum sich im Sommer alle rund um den Monopteros am Schwabinger Bach stapeln, ist uns allerdings ein Rätsel. Mit dem Radl seid ihr in zehn Minuten urplötzlich im Natur- und Ruheparadies und könnt im hohen Gras liegen, den Bächen beim Plätschern zuhören und auch mal eine ganze Weile niemandem begegnen – außer vielleicht der kleinen Schafherde, die hier zu Hause ist. Auch gut: Zum Stauwehr Oberföhring fahren und sich mit Hängematte ein ruhiges Plätzchen an der Isar suchen.

Tipp

Nördlich vom Stauwehr gibt es einige Grillplätze an der Isar.

A
U
S
F
L
U
G

Forstenrieder Park

# Waldluft schnuppern im Forstenrieder Park

Forstenried

82061 Forstenrieder Park

Wir geben es zu: Der Name „Forstenrieder Park" lässt unsere Herzen im Gegensatz zu „Isarauen" keine großen Hüpfer machen. Dabei ist der Begriff „Park" sowieso irreführend, denn an der südlichen Stadtgrenze wartet ein ausgewachsenes Waldgebiet auf alle Spazierwütigen unter euch. Im Herbst ist der Nadel- und Mischwald beliebt bei Schwammerl-suchenden (also Pilze, für alle Nicht-Bayer*innen) und das ganze Jahr perfekt für alle, die nicht auf Menschenmassen stehen.

Der Wald war früher Schauplatz des adligen Jagdvergnügens. Heute finden hier viele seltene Pflanzen- und Tierarten einen Rückzugsort. Daher: Obacht geben, Ruhe finden, durchatmen!

Herrmannsdorfer Landwerkstätten

## Hofladen, Bienengarten und ländliche Idylle in Glonn

Ebersberg
Herrmannsdorf 7, 85625 Glonn

Wenn eine heile Biowelt irgendwo existiert, dann auf jeden Fall in den Herrmannsdorfer Landwerkstätten. Ein Besuch fühlt sich schnell so an, als wäre man in einer anderen Welt gelandet. Vor Ort könnt ihr über den Hof schlendern, an einer Führung teilnehmen, von Dienstag bis Sonntag im Restaurant einkehren oder bei einem der vielen angebotenen Kurse mitmachen.

Außerdem solltet ihr einen Abstecher zur Kaffeerösterei und in den Hofladen machen. Unser liebster Ruheort hier: der Bienengarten! Im Sommer lohnt sich übrigens ein Ausflug zum Steinsee.

@herrmannsdorf
www.herrmannsdorfer.de

Leonhardstein

# Mit Bergpanorama auf 1.449 Metern den Kopf frei kriegen

Miesbach
Am Kirchberg 3, 83708 Kreuth

Im wahrsten Sinne des Wortes durchatmen können wir vermutlich nirgendwo besser als auf einem Berggipfel. Zwar ist die Luft auf 1.449 Metern ein bisschen dünner, dafür aber ganz weit weg von Feinstaub und Stadttrubel.

Tief durchatmen ist am Leonhardstein auch dank des etwas anspruchsvolleren Aufstiegs angesagt. Der ist mit zwei Stunden zwar überschaubar, aber gegen Ende braucht's auf jeden Fall Trittsicherheit und im Zweifel auch mal die Hände. Belohnung gibt's wie immer in Form von traumhaftem Panorama und einem freien Kopf.

AUSFLUG

Mangfall-Lamas

# Entschleunigen beim Lama-Trekking im Mangfalltal

Miesbach
Rosenheimer Straße 4, 83626 Valley

Acht Menschen, fünf Lamas und Olaf. So oder so ähnlich sieht die Reisegruppe beim Lama-Trekking im Mangfalltal aus. Der Entspannungseffekt der Tour setzt etwa bei Sekunde fünf ein. So ein Lama hat einfach angenehme Vibes, und wenn es so in einer Mischung aus elegant und tapsig neben euch herspaziert, kann euch wirklich nur das Herz aufgehen.

Die Umgebung rund ums Valley ist ohnehin schon schön und idyllisch, aber mit Lama im Schlepptau gleich doppelt nice, und wenn ihr dann noch mit Simba, Charly und Co. eine Runde baden geht, wollt ihr sicher nicht mehr heim.

@mangfalllamas
www.mangfall-lamas.de

Murnauer Moos

## Zur Ruhe kommen im größten Moorgebiet Mitteleuropas

Garmisch-Partenkirchen
Aschauer Straße 1, 82418 Murnau am Staffelsee

Überraschung! Wandern in Oberbayern heißt nicht automatisch, dass ihr steile Wege, Felswände oder irgendwelche Gipfel erklimmen müsst. Es geht auch gediegener im gänzlich flachen Murnauer Moos.
    Hier spaziert ihr auf hölzernen Bohlen quer durch die dicht bewachsene Moorlandschaft, die eher nach Ostsee oder Skandinavien oder vielleicht nach dem Mond aussieht – aber sicher nicht nach Bayern! Die Rundwege führen euch auf 12 bis 18 Kilometern durch das riesige Moorgebiet. Wenn ihr schon da seid: Schaut unbedingt am Staffelsee vorbei und kehrt in der Murnauer Kaffeerösterei ein!

www.murnauermoos.de

AUSFLUG

Naturhotel Tannerhof

# Mit Heilfasten und Yoga dem Stadt-
# stress entkommen

Miesbach
Tannerhofstraße 32, 83735 Bayrischzell

Egal, ob für ein entspanntes Wochenende, den Yogaworkshop oder
doch das volle Programm mit 21 Tagen Heilfasten: Im Tannerhof in
Bayrischzell könnt ihr den ganzen belastenden Stadtkram einfach hinter euch lassen. Zwischen Hallenbad, Sauna und Kneippbecken könnt
ihr eurem Körper eine Runde Ruhe gönnen, um ihm dann mithilfe der
wunderbaren Bioküche wieder eine Ladung gesunder Energie zuzu-
führen. Das besondere Naturhotel erstreckt sich wie ein Bergdorf über
zahlreiche Hütten, Türme und Häuser. Jedes Zimmer ist individuell
eingerichtet, aber immer heißt es: Plattenspieler statt Fernseher.

☺ tannerhof.naturhotel
www.natur-hotel-tannerhof.de

Tipp

Den Tannerhof haben wir in der „Weekender Edition München" aus
der tollen *Take Me to the Lakes*-Reihe entdeckt. Darin findet ihr die
50 schönsten Refugien in Wassernähe im Münchner Umland!

Osterseen

# Einsame Badeplätze und unberührte Natur genießen

Weilheim-Schongau
82393 Iffeldorf

Ganz ehrlich: Ein bisschen Abwechslung zu unseren Standardseen schadet nicht. Wie wär's also mit den Osterseen südlich vom Starni? Das Geotop besteht aus rund 20 größeren Seen und ungefähr noch einmal so vielen kleineren – kein Wunder, dass sie auch als die Freudentränen des Starnberger Sees bezeichnet werden.

Hier findet ihr einsame Badeplätze und noch jede Menge unberührter Natur, auf die ihr aber bitte achtgeben sollt. Unser liebster Einkehrtipp: Die Seemadames in Iffeldorf, die euch im Sommer in ihrem kleinen Kiosk mit selbst gemachten Leckereien versorgen!

www.dieseemadames.de

AUSFLUG

Sylvensteinspeicher

## Kanadafeeling entlang der wilden Isar

Bad Tölz-Wolfratshausen
Sylvensteinspeicher, 83661 Lenggries

Wir waren zwar noch nie in Kanada, aber wir sind uns sicher, dass der Sylvensteinspeicher mit seinen vielen Zu- und Abläufen und der wilden Isar, die mittendurch fließt, fast genauso aussieht.

Jedes Mal, wenn wir die Mautstraße, die von Wallgau über Vorderriss zum Speichersee führt, entlangfahren, fangen wir fast an zu heulen, so schön ist das. Spätestens auf der Brücke, die die Isar vom See trennt, ist uns der ganze Trubel, den wir aus der Stadt mitgebracht haben, völlig egal, und alles, was wir für den Rest des Tages (oder unseres Lebens?) sehen wollen, ist das frech türkise Wasser des Sylvensteinsees.

# Tiefenentspannung dank Naturteich, Sauna und grandiosem Essen

Traunstein

Am See 9, 83329 Waging am See

Der Wellnessgarten Waging ist einer unserer liebsten Tipps im Chiemgau. Hier sorgt ein großer Wellnessbereich mit sieben Saunen, einem Dampfbad und mehreren Ruheräumen für Tiefenentspannung. Nicht zu vergessen sind die wunderschönen Zimmer mit dekadentem Schmankerl: beheizbaren Betten auf der eigenen Terrasse!

Nach der Sauna könnt ihr in den Schwimmteich eintauchen und im Sommer direkt vom eigenen Erdgeschosszimmer aus losschwimmen. Fürs Rundumpaket sorgt das Essen, denn hier bekommt ihr großartige Mahlzeiten zu fairen Preisen.

@wellnessgarten

www.wellness-hotel-tennis.de

AUSFLUG

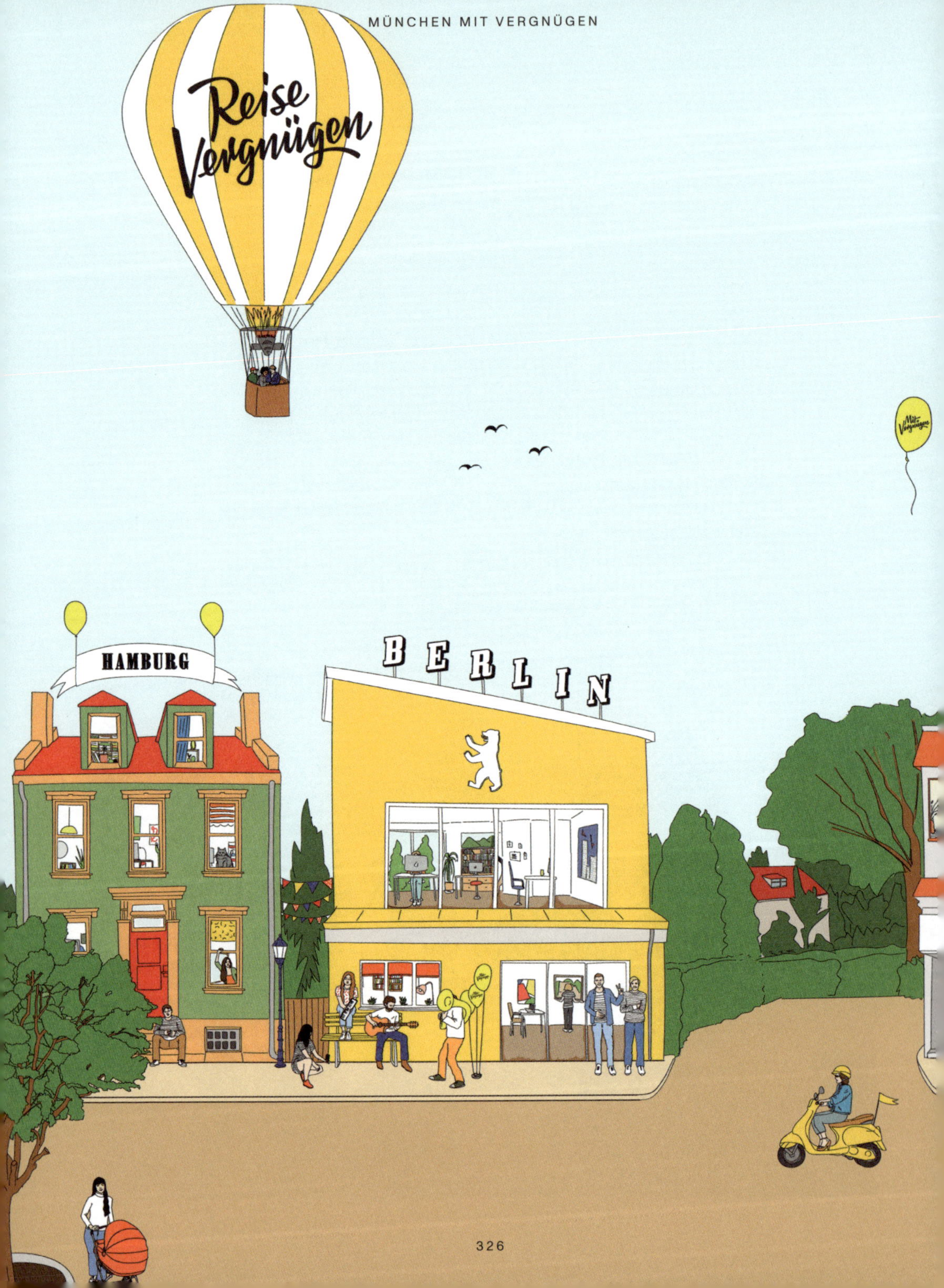
Reise Vergnügen
Mit Vergnügen
HAMBURG
BERLIN

COAST

MÜNCHEN

KÖLN'

München

RMARKT

# Index München

# Index Umland München

# Bildnachweise

**FOTOGRAFIE**  A→Z

## FOTOGRAFIE

Vielen Dank an alle Fotograf*innen, die ihre Bilder für dieses Projekt zur Verfügung gestellt haben.

# Impressum

**Zirkusdirektion**
Matze Hielscher, Pierre Türkowsky

**Idee**
Mit Vergnügen

**Redaktion**
Ida Heinzel, Nina Vogl
Mit Vergnügen

**Projektmanagement**
Ida Heinzel

**Creative Direction**
Karolina Rosina

**Korrektorat**
Cyra Pfennings, Johannes Schmid
www.inotherwords.xyz

**Coverbild**
Isar, The Gentle Temper

**Illustration**
Anna Rupprecht, 326–327

**Schriftarten**
Freight, Garage Fonts
Monument Grotesk, Dinamo

**Druck**
Europrint Medien GmbH, Berlin

**Produktionsbegleitung**
The Gentle Temper

**München Mit Vergnügen**
ISBN 978-3-947747-12-2
2. Auflage, November 2021
Made in Berlin

**Kontakt**
www.muenchen.mitvergnuegen.com
mitvergnuegen_muenchen
/mitvergnuegenmuenchen
kontakt@muenchen.mitvergnuegen.com

Mit Vergnügen GmbH
Strelitzer Straße 61
10115 Berlin

**Erschienen im**
The Gentle Temper Verlag
The Gentle Temper GmbH & Co. KG
Alte Schönhauser Straße 35, 10119 Berlin
www.thegentletemper.com
thegentletemper

**Vertrieb**
The Gentle Temper
business@thegentletemper.com
+493039820466

Dieses Buch wurde von The Gentle
Temper gestaltet, herausgegeben und
gemeinsam mit Mit Vergnügen konzipiert.

Die Redaktion hat alle Informationen in
diesem Guide nach bestem Wissen und
Gewissen erstellt. Trotz einer sorgfältigen
Prüfung durch Redaktion und Verlag sind
inhaltliche und sachliche Fehler nicht
vollständig auszuschließen. Für die absolute Richtigkeit und Vollständigkeit der
Informationen übernimmt der Verlag keine
Garantie. Der Verlag und die Redaktion
übernehmen keinerlei Verantwortung
und Haftung für inhaltliche und sachliche
Fehler.
   Für Kritik, Verbesserungsvorschläge
oder sonstige Anmerkungen kannst du
dich an die Redaktion oder an den Verlag
wenden:
kontakt@muenchen.mitvergnuegen.com
mv@thegentletemper.com

## München Mit Vergnügen

So. Wir hoffen, ihr habt beim Stöbern viele spannende Orte gefunden, alte Lieblingsplätze neu entdeckt und dadurch – genau wie wir – viele vergnügte Momente in München erlebt. Lasst uns doch gerne teilhaben, verlinkt uns auf euren Bildern oder verwendet den #vergnügtdurchmuc. Wir sind gespannt auf euren München-Blick!

Seit 2016 empfehlen wir euch auf www.muenchen.mitvergnuegen.com täglich schöne Cafés, coole Events und tolle Ausflugsorte. Wir schreiben eigensinnige und lustige Texte über München und verraten euch unsere Lieblingsspots. Selbst in wilden Zeiten haben wir das Vergnügen nie aus den Augen verloren, um es auf eure Bildschirme, mit diesem Buch in eure Wohnzimmer und natürlich in eure Herzen zu bringen. Schaut doch auch mal bei unseren Geschwistern in Berlin, Hamburg, Köln und beim Reisevergnügen vorbei – oder kommt in unseren Klub und werdet Teil der vergnügtesten Community der Stadt.

Wir freuen uns, dass uns bei diesem Buch die tollen Menschen von The Gentle Temper, Karo und Nils, unterstützt haben. Bei ihnen findet ihr garantiert die besten Bücher für euren nächsten Ausflug. Danke Karo, danke Nils. Und danke auch an euch. Lasst uns Freund*innen bleiben!

Eure vergnügte Gang

# Bucket List

**11 DINGE, DIE DU IN MÜNCHEN
EINMAL ERLEBT HABEN MUSST**

- In den Eisbach gesprungen und mit der Tram zurückgefahren
- Im Sonnenuntergang auf der Hackerbrücke geknutscht
- Boule im Hofgarten gespielt
- In aller Herrgottsfrühe beim Kocherlball getanzt
- Einer Zwischennutzung hinterhergetrauert
- Liquid-Cocaine-Dealer des Vertrauens gefunden
- Auf der Wiesn lautstark „Angels" gesungen und geweint
- Den Kater mit Leberkäs und Spezi gekillt
- Beim Radeln in den Tramschienen hängen geblieben
- In der Boazn mit Namen begrüßt worden
- Nackig in die Isar gehüpft